Peter Himmelhuber

Hügelbeete Hochbeete Hangbeete

Bauen und bepflanzen

ökobuch
Staufen bei Freiburg
www.oekobuch.de

Alle Angaben und Arbeitsanleitungen in diesem Buch wurden nach bestem Wissen und Gewissen zusammengestellt, eine Gewähr für die Richtigkeit wird jedoch nicht übernommen. Infolgedessen lassen sich für die praktische Umsetzung des hier Dargestellten keine Haftungsansprüche gegenüber dem Autor oder dem Verlag ableiten.

Bibliografische Information der Deutschen Nationalbibliothek

Die Deutsche Nationalbibliothek verzeichnet diese Publikation in der Deutschen Nationalbibliografie; detaillierte bibliografische Angaben sind im Internet unter http://dnb.d-nb.de abrufbar.

1. Auflage 2012
2. verbesserte Auflage 2014
3. Auflage 2018

ISBN 978-3-936896-66-4

Druck: Beltz Grafische Betriebe GmbH,
Bad Langensalza

Alle Fotos, wenn nicht anders angegeben, stammen vom Autor.

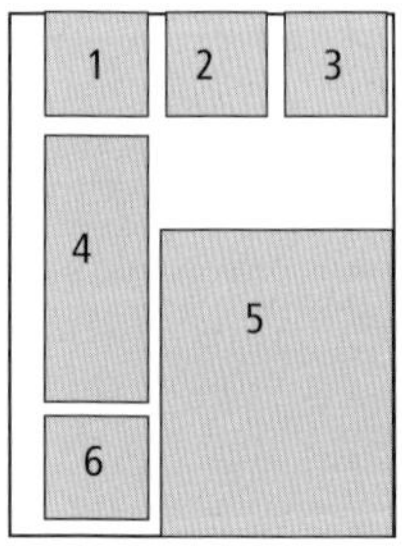

Fotonachweis Cover:
(1 - 5) Peter Himmelhuber
(6) Claudia Lorenz-Ladener

(1) Familie Pinegger, Lappersdorf
(2) Kinderhort Hemau
(3) Kreislehrgarten Regenstauf
(4) Staudensichtungsgarten Weihenstephan
(5) Familie Himmelhuber, Maxhütte-Leonb.
(6) Landesgartenschau Nagold

Inhaltsverzeichnis

Vorbemerkung

Hügel- Hoch und Hangbeete können als Gestaltungselemente eine Gartenlandschaft maßgeblich bereichern. Im Vergleich zu den üblichen Flachbeeten erleichtern sie zudem oftmals den Anbau und die Pflege der Pflanzen und ermöglichen einen besseren Ernteertrag.
Für eine reiche Ernte von Nutzpflanzen und das gute Gedeihen von Zierpflanzen sind allerdings weniger die Formen der Beete ausschlaggebend, sondern vielmehr Faktoren wie die Qualität des Bodens (siehe Seite 93 ff.), auf dem sie wachsen, nach welchem Prinzip sie angebaut werden (siehe Seite 106 ff.) und Anderes. Ein tiefgründiger, hochwertiger Boden eines Flachbeetes z.B. liefert eine weit bessere Wachstumsgrundlage als ein Hügelbeet aus aufgeschichteten, womöglich noch unverrotteten Abfällen oder als ein aufwendig gebauter Hochbeetkasten, der dann mit minderwertiger Gartenerde gefüllt wird.
Ein weiterer Faktor, der ein gutes Gedeihen von Nutz- und Zierpflanzen mitbestimmt, ist ein ausgewogenes Nährstoffverhältnis.
Das Wachstum von Pflanzen richtet sich nach dem Nährstoff, der im geringsten Maß vorhanden ist. Wenn ein Hügelbeet beispielsweise mit reichlich stickstoffreichem Mist versorgt ist, aber Kali fehlt, wachsen die Pflanzen zwar, aber sie werden leicht mastig und kippen um. Ebenfalls ein wichtiger Faktor ist die sachgerechte Pflege der Pflanzen, also Wasserversorgung, Bodenlockerung, Pflanzenschutz und dergleichen.
Neben der detaillierten Beschreibung von Hügel- Hoch- und Hangbeeten in Wort und Bild werden deshalb im Buch im Folgenden dann ausführlicher auch diejenigen Komponenten vorgestellt, die generell für ein gutes Wachstum der Pflanzen in den höher gelegten Beeten sorgen.
Natürlich wirkt auch das Wetter auf die Pflanzen ein. Bei Spätfrost verzögert sich die Pflanzzeit auch bei Hügel- und Hochbeeten, es sei denn, es werden wachstumsfördernde Hilfsmittel wie Frühbeete (siehe die Baubeispiele S. 33 ff. und 40 ff.) oder Vliese eingesetzt. Auch die Lage des Gartens und das Kleinklima sind für das Wachstum der Pflanzen von Bedeutung. In Weinbauregionen herrschen andere Bedingungen als in Mittelgebirgsregionen. Und nicht zuletzt haben alle Pflanzen-Arten ihre eigenen, oft unterschiedlichen Bedürfnisse. So kommen z.B. Tomaten gut auf frisch gedüngtem Boden zurecht und können viele Jahre auf dem selben Beet gepflanzt werden, während Kohlgemüse keinen frischen Mist vertragen und einen regelmäßigen Standortwechsel benötigen.
Vor der Anlage von Hügelbeeten und dem Bau von Hochbeeten gilt zu überlegen, was dort wachsen soll. Denn die erforderlichen Pflegearbeiten sind durch die Pflanzen bestimmt, die kultiviert werden. Und in diesem Punkt sind Hochbeete nicht grundsätzlich günstiger als Flachbeete. Während die Kultur von Tomaten, Gurken, Auberginen, Salaten und anderen Gemüsen im Hochbeet in stehender Haltung leichter zu bewerkstelligen ist, nützen die erhöhten Beetflächen z.B. beim Anbau von Kartoffeln, Kohl und anderen Feldfrüchten wenig. Das Lockern des Bodens zwischen den Pflanzreihen mit Hacke oder Sauzahn geht in den ebe-

0.1 *linke Seite*
Massive, lange Hochbeete aus Holzbohlen, nur mit Latten zusammengebaut in einer Kleingartenanlage in Regensburg. Im Hintergrund zwei von Prof. Peter Latz konzipierte Solargewächshäuser (detaillierte Baubeschreibung in „Kleine grüne Archen", C. Lorenz-Ladener, ökobuch Verlag).

nen Flachbeeten sicherlich leichter von der Hand als in den hohen Kästen. Zudem kann nach dem Abernten der Boden auf Flachbeeten mit einer Motorfräse bearbeitet werden.

Während Hügelbeete eine gute Möglichkeit bieten, Biomasse nutz- und fruchtbringend an Ort und Stelle zu verwerten, sind Hochbeete besonders auch bei der Gestaltung von Hanggrundstücken sinnvoll (siehe Seite 61 ff.). Statt steiler Böschungen, die schwierig zu pflegen sind, entstehen ebene Terrassen, die sich als Beetflächen in angenehmer Arbeitshöhe nutzen lassen. Hochbeete im ebenen Gelände können wiederum so gebaut werden, dass sie auch von Menschen im Rollstuhl leicht zu bewirtschaften sind.
Um eine spannungsreiche Gliederung im Garten zu schaffen, lassen sich Hügel- und Hochbeete auch vorteilhaft als Raumteiler einsetzen. Vor dem Bau massiver Hochbeetkästen aus Beton, Naturstein- oder Ziegelsteinen sollte aber die Standortwahl gut bedacht werden, denn solche Hochbeete lassen sich später kaum noch oder nur mit großem Aufwand abbauen bzw. umsetzen.

0.2
Auf diesem Hügelbeet im Lehrgarten der Universität München in Weihenstephan gibt es Ende Juli reichlich Tomaten und Paprika zu ernten. Später sind die Kohlgemüse und der Mangold an der Reihe.

1 Hügelbeete

Die „klassischen" Hügelbeete können als Mischform zwischen Komposthaufen und Flachbeet bezeichnet werden. Die Hügelbeetkultur entstand aus der Tatsache, dass beim Abbau organischer Stoffe Wärme entsteht und dass viele Pflanzenarten gerne"warme Füße" haben und dadurch besser gedeihen, auch durch die Nährstoffe, die sich im aufgeschichteten Hügel befinden.
Hügelbeete haben eine lange Tradition. Es heisst, dass Chinesen den intensiven Anbau auf den nährstoffspendenden Erdhügeln erfunden haben. Hügelbeete werden seit Jahrhunderten in den Bergwäldern Neu-Guineas angelegt, um Gemüse und Süßkartoffeln zu kultivieren. Auch in Deutschland wurde schon im Mittelalter auf Hügelbeeten angebaut, um die Pflanzen bei hohem Grundwasserstand aus der Nässe herauszuhalten. Im Zuge einer stärkeren Bewusstseinsentwicklung für die Notwendigkeit, pflanzliche Nahrungsmittel naturgemäß anzubauen, wurde in den sechziger Jahren des vergangenen Jahrhunderts die Hügelkultur von Pionieren des biologischen Anbaus stärker in den Vordergrund gerückt.
Einige Jahre später kamen vermehrt Hochbeete in die Gärten, die damals noch keine dekorativen Ansprüche erfüllen mussten, sondern nützliche Behälter zur Arbeitserleichterung und Ertragssteigerung waren, zweckmäßig und einfach gebaut aus Holz oder Ziegelsteinen. Dank der Permakulturbewegung (permanent agriculture = dauerhafte Landwirtschaft) werden in neuerer Zeit die im Vergleich zu Hochbeeten nicht so dauerhaften Hügelbeete aber als eine Beetkultur nachhaltiger Gartenbewirtschaftung wieder zunehmend geschätzt.
Hügelbeete werden ohne Einfassung wie ein Wall aufgeschüttet, sie fügen sich deshalb in jedes Landschaftsbild ein. Einer ihrer Vorteile besteht darin, dass Pflanzenabfälle wie Hecken- und Baumschnitt, die zum Teil langsam verrotten, auf einfache Weise sinnvoll verwertet werden können. Gartenabfälle, Erde, Kompost und Mist sind die Substanzen, aus denen Hügelbeete errichtet werden. Eine Sonderform des Hügelbeetes stellen

1.1
Im Prinzip ist auch ein verrotteter Komposthaufen ein Hügelbeet. Die Zucchinis und Kürbisse gedeihen jedenfalls prächtig auf diesem vererdeten Abfallhaufen.

1.2
Gelegentlich werden auch bei Gartenschauen Hügel- und Hochbeete gezeigt. Dieses Hügelbeet wurde schon im Herbst des Vorjahres errichtet. Hier sind Salat- und Kohlrabipflänzchen auf den sonst noch nackten Hügel gesetzt worden.

1.3
Ein Hügelbeet im 1. Jahr: Hier wachsen Salate, Kohlarten und Erdbeeren. Daneben dürfen auch Blumen blühen.

1.4
Im 2. Jahr nach der Anlage ist der Hügel schon ein wenig zusammengesackt. Jetzt gedeihen neben Salaten, Kohl und Erdbeeren auch Fenchel- und Knollensellerie-Pflanzen, die zu den Starkzehrern gehören.

1.5
Noch im 4. Jahr entwickeln sich in zweiter Fruchtfolge nach dem Abernten von Salaten und Kohlrabi im Sommer kräftige Porree- und Chinakohlpflanzen. Beide Gemüse vertragen sich gut, auch hinsichtlich des Platzbedarfs.

Hügel dar, die bei Erdausschachtungen auf unbebauten Wohngrundstücke während der Bauphase anfallen. Solche Erdhügel lassen sich beispielsweise vorteilhaft zur Einfriedung großer Grundstücke nutzen (siehe Baubeispiel S. 11). Sie mindern auch Straßenlärm. Mit hohen Wällen, die üppig begrünt werden, kann mit hoch bepflanzten Erdhügeln auch eine geschützte Innenhof-Atmosphäre geschaffen werden.

Vor- und Nachteile von Hügelbeeten

Vorteile

- Sie bieten durch ihre größere Oberfläche im Vergleich zu den üblichen Flachbeeten um etwa ein Drittel mehr Anbaufläche, was besonders in kleinen Gärten vorteilhaft ist.
- Hügelbeete sind (wie Hochbeete auch) besonders bei schweren, nassen Gartenböden von Vorteil.
- Außer Arbeitskraft kostet das Aufsetzen eines Hügelbeetes nichts – alle Bestandteile sind im Garten zu finden oder kostenlos erhältlich.
- Durch die Verrottung des organischen Materials wird die nötige Humus- und Nährstoffversorgung für den Pflanzenanbau gewährleistet.
- Der Verrottungsprozess lässt Wärme im Boden entstehen. Durch die im Vergleich zum umgebenden Boden höhere Bodentemperatur (um ca. 5°C) ist die Kulturzeit bis zu 6 Wochen verlängert bzw. die Ernte um 2 bis 3 Wochen früher. Hügelbeete eigen sich besonders gut für wärmeliebende Gemüsearten wie Tomaten, Gurken und Zucchini.

- Durch die mehrere Jahre dauernde Verrottung wird der Boden fortwährend belebt und gelockert. Dadurch ist der Ernteertrag größer. Die Pflanzen werden zudem gegen Krankheiten und Schädlinge widerstandsfähiger
- Da Hügelbeete durch die Neigung ihrer Flächen mehr Sonneneinstrahlung aufnehmen können, kommt die zusätzliche Erwärmung dem Pflanzenwachstum zugute, wenn das Hügelbeet in Nord-Südrichtung aufgebaut ist.
- Bei größeren, hufeisenförmig angelegten Hügelbeeten, die mit ihren Enden nach Süden ausgerichtet sind, ergibt sich in ihrer Mitte ein günstiges Kleinklima („Wärmekuhle")
- Die Hügelform hat eine gute Dränagewirkung, Regenwasser kann gut abfließen, die Pflanzen trocknen schneller ab.
- Mit den Jahren sackt das Hügelbeet kontinuierlich zusammen. Nach etwa 5 Jahren bleibt eine wertvolle 30 bis 50 cm dicke Humusschicht übrig, die gut als Flachbeet weiterverwertet werden kann.

Nachteile

- Der Arbeitsaufwand kann, je nach Boden (z.B. bei Lehmböden) und verwerteter Biomasse (sperrige Astabschnitte, die mühsam zu verkleinern sind) groß sein.
- Zwar ist die Wärmeentwicklung durch den Rottevorgang in der ersten Zeit beträchtlich, sie nimmt aber von Jahr zu Jahr schnell ab.
- Das Hügelbeet sackt durch die Verrottung des Beetkernes mit der Zeit zusammen, nach etwa 5 bis 6 Jahren ist das Innere weitgehend verrottet und ein neues Hügelbeet muss gebaut werden.
- Durch seine größere Oberfläche trocknet ein Hügelbeet stärker aus (besonders auf der Westseite) und muss deshalb im Sommer kräftig bewässert werden.
- Bei starkem Niederschlag und durch unsachgemäßes Gießen sind Bodenabschwemmungen möglich, weshalb das Beetgefälle nicht zu stark sein darf.
- Mäuse lieben Hügelbeete als Unterschlupf
- Im Vergleich zu Flachbeeten kann die Pflege je nach Bepflanzung etwas aufwendiger sein.
- Eine Bedienung vom Rollstuhl aus ist – anders als beim Hochbeet – nicht möglich.

1.6
Im Albertus-Magnus-Heilpflanzen-Garten in Lappersdorf bei Regensburg wachsen die Heilkräuter auf kegelförmigen Haufen. Dazu wurde nährstoffreiches Substrat vom Kompostwerk aufgeschüttet.

1.7
Auf den Erdhügeln bilden Echinacea, Malven, Wermut, Beifuß und andere Blütenstauden üppige Büsche.

Baubeispiel: Kleiner Teich im Erdhügel

1
Die Baufamilie wünschte sich eine kleine Wasserstelle vor ihrer Holzterrasse. Die Wasserfläche sollte auf gleicher Höhe wie der Holzboden sein, also musste das Wasserbecken in einen kleinen Erdhügel eingebaut werden.

2
Nach dem Graben einer flachen Grube wurde feiner Kies eingefüllt, um eine waagerechte Auflagefläche für das Teichbecken zu schaffen. Das Holz der Terrasse erhielt eine Abdeckung aus Mauerschutzfolie.

3
Das Teichbecken wurde sorgfältig waagerecht eingesetzt und mit feinem Kies umgeben, der in alle Hohlräume rieselt.

4
Zum Aufschütten des Erdwalls rund um das Becken wurde die Aushuberde von einer anderen Baustelle im Garten benutzt. Damit das Teichbecken beim Aufschütten des Erdwalls nicht verrutschen konnte, wurde es mit Wasser geflutet.

5
Stauden und Ziergräsern sollen den Erdhügel einmal dicht begrünen. Im Wasser wachsen frostharte Sumpfdotterblumen und andere heimische Arten.

6
Die Uferpflanzen konnten sich in der lockeren Erdaufschüttung gut entwickeln. Bruchsteine und Feldlesesteine grenzen das Beet vom Rasen ab.

7
Einige Jahre nach der Anlage schirmt das kleine Hügelbeet den Sitzplatz auf der Terrasse recht gut ab. Links wurde es noch mit einem Rosenbeet erweitert. Wie die Holzterrasse gebaut wurde, beschreibt der Autor detailliert in seinem Buch „Terrassen und Decks aus Holz", ökobuch Verlag.

Erdaushub als Hügelbeet

Vor dem Hausbau und dem Ausschachten der Baugrube wird die oberste Mutterbodenschicht in der Regel mit einem Radlader abgeräumt und abseits von der Baustelle gelagert. Dieser Erdhaufen bietet sich bereits während der Bauphase als Hügelbeet an. Wenn er nicht gezielt begrünt wird, siedeln sich von selbst Wildkräuter und Blumen an, deren Samen im Boden stecken. Meist sind dies Melden, Fuchsschwanz und andere Wildkräuter oder auch Mohnblumen und Kamillen - je nach Lage und Bodenart. Wenn während der Bauphase nicht viel Zeit zur Pflege intensiver Gemüsekulturen bleibt, lässt sich der Erdhaufen beispielsweise mit Sonnenblumen, Mais, Kartoffeln oder anderen Ackerkulturen einsäen beziehungsweise bepflanzen, die keine oder nur wenig Pflege brauchen.
Anders als beim Hügelbeet, das aus organischen Rohstoffen aufgebaut wird, sackt beim Erdwall aus Aushub die Erde nicht zusammen, es entsteht auch keine Wärme.

1.8
Bei Bauarbeiten im Garten muss gelegentlich der vorhandene Mutterboden abgegraben werden. Diese wertvolle Humusschicht eignet sich zum Aufschütten eines Hügels an einer anderen Stelle.

1.9
Ein solcher Erdhügel kann je nach Gelände beliebig lang aufgeschüttet werden. Zu breit sollte der Hügel aber nicht sein, damit die Pflege der Pflanzen von beiden Seiten möglich ist. Nach dem Aufschütten erfolgt die Planierung.

1.10
Der lockere, tiefgründige Boden bietet sich für Kartoffeln an. Diese Ackerpflanzen brauchen wenig Pflege. Zwischen den Pflanzreihen ist noch Platz für Zwiebeln.

1.11
Die Pflanzkartoffeln und Steckzwiebeln sind gut angewachsen. Neben der Versorgung mit Wasser und der Lockerung des Bodens ist keine besondere Pflege nötig. Schäden z.B. durch Kartoffelkäfer sind im 1. Jahr der Beetanlage kaum zu erwarten.

1.12
Die gesunden, kräftigen Stauden lassen auf eine reiche Ernte hoffen. Es lohnt sich auch andernorts, brachliegende Erdhaufen mit Nutzpflanzen zu begrünen, bevor sich Wildkräuter von selbst ansiedeln.

1.10

1.11

1.12

1.13
Auf diesem Erdhügel wachsen keine Gemüsepflanzen, sondern Sträucher und Stauden. Sie sollen bald einen hohen, dichten Sichtschutz am Zaun bieten. Zum Schutz der Erde trägt das Bedecken mit Rindenmulch bei.

1.14
Ein Erdhügel kann gezielt zur Gartengestaltung eingesetzt werden. Dieser hier dient als Raumteiler und bietet eine gute fruchtbare Basis für Blütenstauden.

Hügelbeet aus organischen Rohstoffen

Ein „klassisches" Hügelbeet hat eine maximale Breite von 150 cm und eine beliebige Länge, wenn möglich nicht unter 4 m. Auch für die Zusammensetzung der Schichten und der Baustoffe gibt es keine festen Regeln. Vermutlich waren diese konischen Haufen aus Erde und organischen Stoffen ursprünglich nicht oder nicht nur dazu gedacht, eine bessere Arbeitshöhe zu schaffen, sondern um Gartenabfälle wie Zweige vom Gehölzschnitt, das anfallende Herbstlaub und dergleichen vor Ort zu entsorgen. Gelegentlich wird sogar empfohlen, Zeitungspapier und Pappe mit aufzuschichten. Davon ist abzuraten, denn Papier und Pappe können Schwermetalle enthalten, wenn sie bedruckt sind. Sie gehören deshalb zur Wiederverwertung in die Papiertonne und nicht in den Gartenboden. Die Empfehlung, Rohkompost mit aufzuschichten, ist ebenfalls bedenklich, denn unreifer Kompost kann schädliche Pilze z.B. durch krankes Laub enthalten. Noch dazu werden Nagetiere angelockt, wenn für den Schichtaufbau Rohkompost mit halbverrotteten Gemüseresten genutzt wird. Deshalb ist es besser, die organischen Abfälle erst zu kompostieren und dann als reifen Humus auf dem Hügelbeet aufzutragen.

1.17

1.18

Hügelbeet aufschichten

Um ein Hügelbeet aufschichten zu können, sind zunächst die benötigten Rohstoffe zu sammeln. Die Größe des Hügelbeetes wird vom verfügbaren Material bestimmt, also von der Menge der Schnittgutabfälle, der Rasensoden, des Stallmistes, des Kompostes und der weiteren Rohstoffe, die dafür genutzt werden sollen. Die beste Zeit, ein Hügelbeet anzulegen ist im Spätherbst, wenn genügend Gartenabfälle zur Verfügung stehen. Da das Hügelbeet erst im folgenden Frühjahr bepflanzt wird, ist zu empfehlen, es über den Winter mit organischem Mulchmaterial (z.B. Stroh) oder schwarzer Mulchfolie abzudecken. Günstig ist die Errichtung des Hügelbeetes, wie schon erwähnt, in Nord-Süd-Richtung, damit beide Flanken gleichmäßig besonnt werden. Wie generell bei der Anlage eines Gemüsegartens, ist auch für das Hügelbeet ein vollsonniger Standort zu wählen, vorteilhaft eine eingewachsene Rasenfläche oder ein bereits genutztes Gemüsebeet.

1.17
Mitte Mai erhalten die vorkultivierten Tomatenpflanzen ihren Platz oben auf dem Hügelbeet. Holzpfähle geben ihnen den nötigen Halt. Darunter wurden Salat, Kohlrabi und Erdbeeren in Reihen gepflanzt.

1.18
Dieses Hügelbeet ist schon in die Jahre gekommen und zusammengesackt. Dennoch gedeihen die Tomatenpflanzen sichtlich gut in der noch nährstoffreichen Erde. Im Hintergrund erleichtern massiv gebaute Hochbeete die Pflege.

1.15 *linke Seite , unten links*
Wenn nach dem Hausbau noch keine Zeit zur Gartengestaltung ist, kann der Mutterboden auch erdhügelförmig an der Terrasse aufgeschüttet werden.

1.16 *linke Seite unten rechts*
Mit Stauden und Sommerblumen begrünt, kann ein Erdhügel auch langfristig als Gestaltungselement erhalten bleiben. Königskerzen und andere Wildpflanzen siedeln sich selbst an.

1.19 *rechts unten*
Hügelbeet in einer Kleingartenanlage. Es bietet Platz für Tomaten, Porree, Kopfsalat und Knollensellerie. Nach dem Abernten reifer Gemüse werden in die Lücken Radieschen eingesät.

1.19

1.20
Auch dieses Hügelbeet hat ein Jahr nach der Anlage schon eine deutlich flachere Form angenommen. Die Tomaten können weiterhin jedes Jahr auf den selben Platz gepflanzt werden. Bei Salaten und Kohlpflanzen begünstigen Standortwechsel das Wachstum.

1.21
14 Tage später zeichnet sich schon eine gute Entwicklung ab. Besonders die Zucchinipflanze ist kräftig gewachsen. Das Mulchen mit Gras schützt den Boden und erhält die Feuchtigkeit.

1.22
Im August des selben Jahres trägt die Zucchini reichlich Früchte, ebenso die Tomaten. Kopfsalat und Kohlrabi wurden bereits durch Endivien und Porree ersetzt.

1.23
Die Hügel- und Hochbeete nehmen hier viel Raum ein. Auf einer so umfangreichen Beetanlage ist die Erwirtschaftung üppiger Erträge möglich.

Anlage eines etwa 90 cm hohen Hügelbeetes – Schritt für Schritt

- Die Grundfläche des Hügelbeetes in Nord-Süd-Richtung festlegen und mit Pflöcken markieren.
- Bei vorhandenem Rasen die Soden mit dem Spaten ausstechen und abseits lagern; bei unbewachsenem Gartenboden den Humus etwa 25 cm tief auskoffern und lagern.
- Als Schutz vor Wühlmäusen die Mulde mit einem engmaschigen, rostfreien Maschendraht so auslegen, dass das Drahtgeflecht mindestens 10 cm über den Rand der Grube reicht. Auf dem Maschendraht ausgelegtes Farnkrautblattwerk soll zusätzlich eine Barriere gegen Wühlmäuse bilden. Allerdings bleibt das Hügelbeet von den Seiten her zugänglich für Wühlmäuse und andere Tiere.
- Die Mulde mit grob zerkleinerten Ästen, Zweigen z.B. vom Obstbaumschnitt, holzigen Trieben vom Staudenrückschnitt, Fichtenzapfen und dergleichen dicht füllen und insgesamt von der Sohle aus ca. 40 cm hoch hügelförmig einschichten. Gut festtreten.
- Die Rasensoden vom Aushub mit den Wurzeln nach oben auf dieses holzige Material legen oder statt

Rasensoden den Erdaushub etwa 15 cm dick auftragen.
- Eine ca. 20 cm dicke Laub- oder Strohschicht aufbringen und wiederum hügelförmig verteilen.
- Um die Nährstoffversorgung zu verbessern, eine weitere Schicht aus verrottetem Stallmist aufbringen (je nach Bezugsquelle auch aus strohigem Rinder- oder Pferdemist vorzugsweise aus biologischer Haltung). Darauf nun eine dicke Schicht guter Gartenerde verteilen.
- Schließlich reifen Kompost flächig einharken.

Wichtig ist, dass jede Schicht gut verdichtet bzw. festgeklopft wird. Das Hügelbeet kann unten mit einem schmalen Rahmen aus Steinen oder Holz eingefasst werden, damit die Erde nicht wegschwemmt.

1.24
Die Bewässerung des Gemüsegartens darf bei Trockenzeiten nicht vernachlässigt werden. Hügelbeete trocknen schneller aus als Flachbeete. Besser geeignet als eine flächige Bewässerung mit dem Pendelregner, wie im Bild, sind direkte Wassergaben auf den Wurzelraum.

Wasserversorgung

Die lockeren, durchlässigen Schichten, insbesondere das Stroh und das Holz, haben keine Fähigkeit, Wasser zu speichern. Im Hügelbeet sickert das Wasser deshalb rascher ab als in den üblichen Flachbeeten. Es ist empfehlenswert, bereits bei der Anlage die oberste Schicht aus Erde und Kompost nicht glatt abzuziehen, sondern Mulden in den Flanken zu formen, in denen das Gießwasser dann stehen bleibt und langsam in das Hügelbeet sickern kann. (Abb.1.25). Üblich ist auch die Ausformung einer Gießrinne über die ganze Länge des Beetes auf der Kuppe des Hügelbeetes. Daneben haben sich zur Wasserversorgung sogenannte Perlschläuche bewährt. Aus diesen perforierten Schläuchen quillt das Gießwasser direkt in den Boden. Die Schläuche werden zwischen die Pflanzreihen auf das Hügelbeet gelegt.

1.25
Hügelbeet im Frühjahr nach Bepflanzung. Gießmulden, wie hier zu sehen, die schon bei der Pflanzung ausgeformt werden, erleichtern die Bewässerung. Sonst läuft das Wasser leicht an den Flanken ab, statt im Boden zu versickern.

1.26
Die Gießmulden kommen den Pflanzen zugute. Bereits wenige Wochen nach der Bepflanzung sind diese auf dem Beet gleichmäßig angewachsen.

Bepflanzung

Da frisch aufgesetzte Hügelbeete Wärme und Nährstoffe abgeben, diese aber kontinuierlich im Laufe der Jahre verlieren, richtet sich üblicherweise ihre gärtnerische Nutzung nach dem Alter des Hügels. Um den Nährstoff- und Wärmebedarf der Gemüsearten bestmöglich zu berücksichtigen, werden deshalb im ersten Jahr in Mischkultur mittelstarke Nährstoffzehrer (Gurken, Melonen, Kürbisse etc.) angebaut. Im 2. und 3. Jahr, wenn das Nährstoffangebot voll zur Verfügung steht, können dann Starkzehrer wie Tomaten, Zucchini, Kohlarten, Sellerie usw. angebaut werden. Im 4. Jahr werden nitratsammelnde Pflanzen wie Salat, Spinat, Rettich und Mangold gepflanzt. Es empfiehlt sich, jedes Frühjahr eine dünne Schicht (2 bis 3 cm) Feinkompost dazuzugeben, eventuell vermischt mit Urgesteinsmehl und nach etwa 3 Jahren das Beet mit Komposterde wieder aufzufüllen. Im 5. und 6. Jahr folgen Schwachzehrer wie Erbsen und Bohnen. Nach dem 6. Jahr dürften die meisten Hügelbeete dann zusammengesackt sein (siehe unten), können aber weiter als Flächenbeet benutzt werden, das wegen der dicken Humusschicht sehr gut zum weiteren Anbau von Gemüse geeignet ist. Ein neues Hügelbeet wird dann an anderer Stelle im Garten aufgeschichtet ....

1.27
Günstige Mischkulturen sind meist gesünder und wuchskräftiger als Monokulturen. Hier ist jeder Platz auf dem Hügelbeet genutzt. U.a. wurden auch Birnenmelonen, Salbei u.a. Kräuter angesiedelt. Die Topinambur im Hintergrund wächst auf einen anderen Beet.

Mischkulturen planen: Nach dem Aufschichten im Herbst oder im Frühjahr kann die Bepflanzung und Aussaat je nach Wetter ab März/April erfolgen. Dabei haben sich Mischkulturen und günstige Fruchtfolgen bewährt (siehe Tabellen 4.7 und 4.8 auf den Seiten 107 und 108).

Verrottung und Veränderung: Das Hügelbeet sackt mit der Zeit zusammen. Der Abbau richtet sich nach der Beschaffenheit der Schichten und der Zusammensetzung. Wenn der Kern z.B. aus viel losem Holz vom Obstbaumschnitt besteht, sackt das Beet schneller zusammen, als wenn nur wenig holzige Bestandteile aufgeschüttet und dafür die Schichten aus Rasensoden und aus Gartenerde dicker aufgetragen wurden. Auch wenn die Rasensoden und die Gartenerde viele mineralische Bestandteile wie Lehm und Sand enthalten, bleibt der Hügel länger erhalten, als wenn er aus vielen organischen Stoffen entsteht. Jedes Hügelbeet ist sozusagen ein Unikat und hat seine besonderen Eigenschaften, je nachdem, welche Stoffe in welchen Mengen aufgeschichtet werden.

2 Hochbeete

Hochbeete haben im Vergleich zu Hügelbeeten einige weitere Vorteile. Sie sind gewöhnlich kompakter und lassen sich schmaler gestalten, da sie senkrechte Wände haben. Gebücktes Arbeiten in Bodennähe ist nicht nötig, die Pflanzen können bei aufrechter Haltung gesät, gepflegt und geerntet werden. Das ist nicht nur für ältere Menschen bzw. für Menschen mit Rückenproblemen entlastend, die Hochbeete können zudem so beschaffen sein, dass sie sich auch problemlos vom Rollstuhl aus bewirtschaften lassen (Abb. 2.30, S. 25). Ein weiterer Vorteil besteht darin, dass sie nicht nach einigen Jahren neu aufgebaut werden müssen, sondern viele Jahre von Nutzen sind, wenn ihre Einfassung aus dauerhafteren Materialien besteht und fachgerecht errichtet wurde.

Bauformen

Beim Hochbeet kann die Höhe nach eigenen Vorstellungen festgelegt werden. Günstig ist eine Arbeitsfläche in ca. 70 cm Höhe, sie entspricht der Höhe eines Tisches. Je nach Körpergröße mögen aber auch andere Maße sinnvoll sein. Damit Rollstuhlfahrer ihren Rollstuhl bequem unter das Hochbeet fahren können, sollte der Beetsockel etwa 70 cm hoch sein. Die Beethöhe (der Substrataufbau) ist dann auf etwa 25 cm beschränkt, was für viele einjährige Kräuter und andere Pflanzen aber durchaus ausreicht. Üblicherweise haben Hochbeete eine rechteckige Kastenform und eine Seitenlänge von etwa 120 bis 180 cm und eine Tiefe von 1,20 m (wenn sie frei stehen). Je nach Baumaterial sind aber auch quadratische, trapezförmige, sechseckige und runde Formen oder auch geschwungene Einfassungen möglich. Günstig sind Hochbeetelemente, die sich erweitern lassen, oder auf die Frühbeetfenster (siehe Baubeispiele S. 33 ff.).aufgesetzt werden können. Daneben gibt es gemauerte Kräuterspiralen (Baubeispiel S. 45) und be-

Hochbeete aus Holz mit Folie auskleiden?

Gelegentlich wird empfohlen, einen Holzkasten für ein Hochbeet mit Folie vor der Verrottung zu schützen. Dafür spricht, dass die Folie das Holz von der stets feuchten Erde abtrennt und die Bodenlebewesen abhält. Pilze, Bakterien, Asseln und andere Organismen greifen das Holz an und tragen zur Verrottung des Holzkastens bei. Allerdings sind Gartenbauhölzer aus Douglasie, Lärche und anderen dauerhafteren Baum-Arten auch ohne Holzschutz recht verrottungsfest. Erfahrungsgemäß halten Kästen aus solchen Hölzern „dem Zahn der Zeit" viele Jahre stand. Die Haltbarkeit richtet sich natürlich auch nach der Stärke der Bretter. Der Hochbeetkasten aus Douglasienholz im Baubeispiel Seite 36 ff. ist mittlerweile über 6 Jahre alt und zeigt keine Verfallserscheinungen, obwohl relativ dünne Bretter mit 22 mm Stärke gewählt wurden. Das Hochbeet im Baubeispiel Seite 29 ist dagegen bereits wieder verschwunden. Die einfache Verpackungskiste aus dünnen Fichtenbrettern war etwa 8 Jahre als Hochbeet nützlich. Zwar war sie auch zu diesem Zeitpunkt noch stabil genug, musste aber einem dekorativeren Gestaltungselement weichen.
Die Frage nach einer schützenden Kunststoffauskleidung stellt sich eventuell dann, wenn edle Hölzer für den Bau genutzt werden sollen. Die Folie bietet aber dennoch keinen völligen Schutz vor der Verwitterung, weil sich Wasser zwischen Holz und Folie sammeln kann und natürlich auch, weil die Außenwände stets dem Wetter ausgesetzt sind.
Wenn dennoch die Entscheidung für eine Auskleidung erfolgt, sollte in jedem Fall eine ökologisch weniger bedenkliche PE-Folie einer PVC-Folie vorgezogen werden. Normalerweise genügt eine dünne Teichfolie mit nur 0,5 mm Stärke, die sich einfacher falten lässt als eine dickere Folie.

2.1
Dieser Kasten aus Abfallbrettern ("Schwartlingen") vom Sägewerk ist nicht sehr dauerhaft. Er kostet jedoch nichts und bietet beste Wachstumsbedingungen für Gemüse.

2.2
Hochbeet aus Holzbohlen. Halbierte Rundhölzer müssen stabiliert werden. Bei diesem Hochbeet wurden an den Ecken und abschnittsweise an den Längsseiten innen senkrecht stehende Pfosten montiert. Das Hochbeet kann dann beliebig lang sein.

pflanzte Tonnen (Abb. 2.37, S. 27), die ebenfalls den Hochbeeten zugeordnet werden können. Neben Tonnen und Säulen sind noch viele weitere Behältnisse einsetzbar, der Kreativität sind da wenig Grenzen gesetzt. Im Grunde kann jedes Beet, das sich in etwa Tischhöhe befindet, als Hochbeet bezeichnet werden, ob es in einem großem Behältnis angelegt ist oder fahrbar z.B. in einem Einkaufswagen (beliebt bei jungen Menschen in Großstädten).

Auf Dauer angelegte Hochbeetumrandungen werden vorwiegend aus Holzbalken gebaut, aus Brettern gezimmert, aus Ziegeln aufgemauert oder aus Natursteinen aufgeschichtet. Sehr gut lassen sich zum Bau von Hochbeeten auch Produkte aus Altmaterial nutzen. Das können beispielsweise ausgebaute Pflastersteine von einer Straßenerneuerung sein, alte Klinker von einem Abrisshaus und natürlich auch diverse Holzteile, die auf diese Weise eine Wiederverwendung finden.

2.3 *(unten links)* und 2.4 *(rechts)*
Auch in der Formgebung gibt es keine festen Vorgaben. Hier sind die Kästen dreieckig gebaut (links). Sie stehen im Schulgarten des Botanischen Gartens Regensburg und sind mittlerweile befüllt und bepflanzt (rechts).

Wer die Hochbeetumrandung nicht selbst bauen möchte, kann auf Fertigteile zurückgreifen. Der Handel bietet Bausätze in vielen Größen und mit diversen Ausstattungen an. Neben Bausätzen aus Holzteilen reicht das Angebot von stapelbaren Kunststoffkästen, über Kästen mit gedämmten Aluminiumwänden, bis hin zu Hochbeeten aus Edelstahl. Je nach Produkt gibt es dazu passende Folientunnel oder Frühbeetfenster, sowie Bewässerungssysteme und weiteres Zubehör.

Als einfache Fertigteile für Hochbeete können auch Betonringe eingesetzt werden, die in verschiedenen Größen im Baustoffhandel erhältlich sind. Die grauen Ringe, die sonst zum Brunnenbau dienen, sind verrottungsfest, nehmen eine Menge Erd-Substrat auf und bieten vielen Gemüse- und Zierpflanzen Raum. Wer den grauen Beton nicht mag, kann die Ringe auch farblich gestalten (siehe Baubeispiel Seite 48).

Im Vergleich zu den käuflichen Hochbeet-Elementen sind Eigenbauten in der Regel aber nicht nur preisgünstiger, sondern bieten auch individuellere Gestaltungsmöglichkeiten und fügen sich oftmals harmonischer in den Garten ein.

Hochbeete aus Holz

Unbehandeltes Holz ist ein guter Baustoff für Hochbeete, die viele Jahre haltbar sein sollen. Als organisches Material passt sich Holz so gut wie jeder Gartengestaltung an. Es ist preisgünstig erhältlich (manchmal auch kostenlos, wenn z.B. Holzbauteile wiederverwendet werden können) und lässt sich mit einfachen (Hand-)Werkzeugen bearbeiten. Gartenbauhölzer sind recht wetterbeständig und langlebig. Sie halten auch der feuchten Erde etliche Jahre stand. Zum Bau eines Hochbeet-Holzkastens werden am besten unbehandelte Bretter oder Balken aus Lärche und Douglasie verwendet, vor allem, wenn das Holz direktem Kontakt mit Erde und Feuchtigkeit ausgesetzt ist. Im Gartenbau hat sich auch das Holz der Robinie bewährt, das aber selten zu bekommen ist. Wer bereit ist, Bretter nach dem Verrotten zu ersetzen, kann auf das Auskleiden der Wände innen mit Schutzfolien verzichten.

2.5 (links) und
2.6 (rechts)
Selbstgebaute Hochbeet-Umhüllungen aus geflochtener Weide sehen sehr dekorativ aus, erfordern aber einiges an Geschick und Zeitaufwand. Eine Folie innen (rechts) hilft, dass die Erde nicht zu sehr zwischen dem Geflochtenen herausrieselt.
Fotos: C. Lorenz-Ladener

2.7
Solch massive Holzbohlen halten dem Druck der Erde selbst stand. Sie wurden nur mit Latten zusammengebaut.

2.8
Ein rustikales Hochbeet aus Rundholzbohlen nach Art eines Blockhauses (Walderlebniszentrum Sinzing bei Regensburg).

2.9
Hochbeet aus dicken Eichenbrettern mit Pflanzen, die speziell Schmetterlingen als Nahrung dienen.
Foto: C. Lorenz-Ladener

2.10
Hochbeetkasten aus profiliertem Douglasienbrettern.

Das Auskleiden der Holzkästen mit Schutzfolien (z.B. Teichfolie, Mauerschutzbahnen) hält die feuchte Erde vom Holz ab. Es hat sich aber gezeigt, dass Kästen aus den verrottungsfesteren Gartenbauhölzern Lärche, Douglasie und Robinie auch ohne Folie viele Jahre haltbar bleiben.

Auch die Nutzung besonders dicker Bohlen kann die Lebensdauer von Hochbeeteinfassungen erheblich verlängern, wenn konstruktiver Holzschutz beachtet wurde. Die Bretter und Bohlen sollten schon deshalb großzügig dimensioniert sein, damit sich der Holzkasten nach dem Befüllen mit Erde nicht verformt. Kanthölzer an den Ecken machen es möglich, die Bretter und Bohlen sehr einfach zu verschrauben und den Kasten zu stabilisieren. Solche Kästen lassen sich beliebig aufstocken, wenn eine bequemere Arbeitshöhe erwünscht ist (Baubeispiel Seite 33 ff.). Wer die Haltbarkeit seines Hochbeetes verlängern möchte, aber keine der dauerhafteren Hölzer zur Hand hat, sollte stattdessen nicht druckimprägniertes Holz wählen. Zum einen ist druckimprägniertes Holz nicht umweltfreundlich, da die (giftige) Imprägnierung in die umgebende Erde diffundiert, zum anderen hält es kaum länger als Lärchen- oder Douglasienholz. Auch die Wiederverwendung von Eisenbahnschwellen ist nicht zu empfehlen, die Balken sind mit hochgiftigen Mitteln behandelt und eignen sich somit nicht als Gartenbauholz.

Lange haltbar ist dagegen wärmebehandeltes Holz im Garten, sogenann-

2.11
Käufliches Hochbeet aus Holz, sehr arbeitsfreundlich geformt.
Foto: C. Lorenz-Ladener

2.12
Statt mit Winkelbindern aus Metall kommen stabile Verbindungen auch mit festgeschraubten Holzlatten oder Eckpfosten zustande.

2.13
Mit Edelstahlbügeln oder gebogenen Stahlstäben und einer Gartenfolie wird das Hochbeet zum provisorischen kleinen Gewächshaus. Unten im Bild ist ein elektrischer Schneckenzaun zu sehen.

tes „Thermoholz". Das durch Hitze wetterbeständig ausgerüstete, umweltfreundliche Thermoholz gibt es inzwischen in mehreren Holzarten auf dem Markt, allerdings zu verhältnismäßig hohen Kosten.

Befestigungselemente: Hochbeete oder Stützmauern aus Natursteinen können ohne zusätzliche Befestigungselemente stabil gebaut werden, Holzkästen halten dem Druck des Erd-Substrats jedoch nur mit Metallverbindern stand. Dazu dienen üblicherweise Winkelverbinder und Schrauben aus verzinktem Stahl. Haltbarer sind Schrauben aus Edelstahl. Deren Verwendung lohnt sich jedoch nur beim Bau mit den dauerhafteren Gartenhölzern.

Holzschutz: Während Natursteine mit der Zeit eine Patina annehmen und allenfalls stellenweise Teile durch die Frosteinwirkung abgesprengt werden, verrottet Holz im Freien früher oder später. Seine Haltbarkeit richtet sich nach der Holzart, dem Einsatzort und der Bauweise. Unbehandelte Holzbauteile aus Fichten- und Kiefernholz verrotten beispielsweise schon nach recht kurzer Zeit, wenn sie in direktem Bodenkontakt stehen. Beständiger sind Gartenbauhölzer aus Lärche oder Douglasie, wie oben erwähnt. Handelsübliche, umweltverträgliche Holzschutzmittel zum Streichen können die Verrottung verzögern, aber nicht verhindern. Wirksam ist ein konstruktiver Holzschutz. Insbesondere sollte so wenig wie möglich ein direkter Kontakt mit ständig feuchter Erde bestehen. Das ist z.B. dadurch möglich, dass der Holzkasten auf einen Sockel aus Pflastersteinen gesetzt wird und die Wände (nicht der Boden, sonst könnte sich Regenwasser stauen) mit Teichfolie oder Mauerschutzbahnen ausgekleidet werden (siehe Seite 17). Günstig für einen raschen Wasserabzug wirkt sich das Anschrägen der Hirnholzflächen oder das Abdecken mit Brettchen oder Blechen von Eckpfosten aus.

Glas und Folie: Auch Abdeckungen mit Glas oder Kunststoffen in Form von Frühbeetfenstern oder Folienzelten können das Holz schützen, auch wenn sie nur Regenwasser abhalten. Hauptsächlich dienen sie aber zum Schutz der Pflanzen im Hochbeet. Im Frühjahr lässt sich damit die Erntezeit verlängern, im Sommer bewahren sie Tomaten und andere empfindliche Fruchtgemüse vor Nässe und kaltem Wind.

2.14
Hier wurde ein massives Hochbeet aus handbehauenen Natursteinen errichtet. Ein Holzrahmen dient als Mauerkrone. Im Beet gedeihen Kräuter, sie wurden sozusagen auf Riechhöhe gebracht.

2.15
Hochbeet aus Buntsandstein, trocken aufgesetzt. Foto: C. Lorenz-Ladener

2.16
Der hängende Fuchsschwanz (Amaranthus) kommt in diesem aus Pflastersteinen gemauerten Hochbeet gut zur Geltung (Standort: Schaugarten der Fa. Dehner in Rain am Lech).

Hochbeete aus Natursteinen

Ebenso wie Holz fügen sich auch Natursteine gewöhnlich gut in die Gartenlandschaft ein. Das können je nach Region Natursteine aus Granit, Kalk, Basalt oder anderen Gesteinsarten sein. Die massiven Brocken, Quader oder Zeilen sind in vielen Formaten im Baustoffhandel erhältlich. Neben unregelmäßig geformten Bruchsteinen gibt es handbehauene oder maschinell zugerichtete Steine, die sich ohne Mörtel zu massiven, dekorativen Mauern verbauen lassen (Trockenmauern).

2.17
Die liegenden Granitzeilen bilden einen interessanten Gegensatz zu den leichten Holzfassaden und schaffen einen schönen Rahmen für Edelrosen, Gräser und Stauden.

Gelegentlich fördert auch der Bagger beim Erdaushub einer Baugrube brauchbares Naturgestein zu Tage, das sich zu Trockenmauern verbauen lässt. Für ein Hochbeet nach Art einer Trockenmauer ist kein Fundament nötig, wichtig ist nur, dass unten eine breite Steinbasis geschaffen wird und die nachfolgenden Steinlagen stabil sind. Zum Verfugen dient Gartenerde. Die Trockenmauer-Hochbeete ermöglichen die Bepflanzung mit Kräutern oder Polsterstauden in den Fugen, die das Mauerwerk zusätzlich festigen. Auch Nisthilfen und Unterschlupfmöglichkeiten für kleine tierische Gartenbewohner lassen sich leicht mit einfügen (Abb. 2.18). Die Hochbeete aus Naturstein können viele Formen annehmen, sei es eine rechteckige, langgestreckte Kastenform wie die

2.18
Diese Trockenmauer bietet Unterschlupf für allerlei Nützlinge im Garten und als Mauerabschluss oben ein schmales, dekoratives Hochbeet. Foto: Claudia Lorenz-Ladener

2.19
Gabionen sind bereits mit Natursteinen bestückt erhältlich. Die Drahtkörbe gibt es aber auch als Bausätze zum Selbstbefüllen. Mit ihnen lassen sich stabile Hochbeete ohne Beton oder Mörtel herstellen.

2.20
Kleines Gabionen-Hochbeet. Foto: Claudia Lorenz-Ladener

2.21
Ein buntes und gut strukturiertes Hochbeet entsteht durch das Aufschichten von Natursteinen aus unterschiedlichen Materialien.

2.22
Aus maschinell bearbeiteten Natursteinen mit glatten Flächen wurde hier ohne Mörtel ein stabiles Hochbeet gebaut.

2.23
Handbehauene Natursteine sind einfacher zu handhaben als Bruchsteine. Mit den kantigen Steinen ist der Bau geschwungener Formen nicht schwierig, z.B. die Form einer Kräuterschnecke.

2.24
Ein mehrstufiges Mauerwerk aus Ziegelsteinen sieht dekorativ aus.

klassischen Hochbeete (Abb. 2.14), rund (Abb. 2.27) oder auch spiralförmig in Form einer Kräuterschnecke (Baubeispiel Seite 45).
Massive Hochbeete aus Natursteinen oder Ziegelmauerwerk sollten gut platziert und fachgerecht gebaut sein, denn anders als Holzkästen, die ausgeleert und abgebaut werden, wenn sie morsch sind, gehören sie zu den dauerhaften Gestaltungselementen im Garten. Vor allem, wenn sie nicht lose auf dem Boden aufgeschichtet sind, sondern ein massives Betonfundament haben, sollten Platzierung, Bauform und –ausführung gut überlegt sein.

Hochbeete aus Ziegeln

Im Garten kommen nur frostharte Ziegel oder Klinker in Frage (Abb. 2.24). Diese Steine aus Lehm werden bei hohen Temperaturen gebrannt und sind wetterfest. Sie haben harte, glatte Oberflächen, in die kein Regenwasser eindringen kann.
Für ein Ziegelmauerwerk ist ein Streifenfundament nötig, das frostsicher gründen sollte. Dafür genügt ein etwa spatenbreiter Graben, der mit Beton aufgefüllt wird. Nach dem Abbinden (Härten) des Betons kann das Aufmauern der Ziegelwände erfolgen.

Hochbeete aus Beton

Frischer Beton lässt sich beliebig formen, nach dem Abbinden wird er steinhart. Außerdem ist er wetterfest und pflanzenverträglich. Das macht ihn für die Gartengestaltung besonders nützlich, wenn es z.B. darum geht, Böschungen abzustützen oder Fundamente für Mauern herzustellen, aber auch für den Bau von

2.25
Betonformteile sind in vielen Größen und Formen im Baustoffhandel vorrätig. Mit einer Staudenbepflanzung (hier Frauenmantel und Storchschnabel) lassen sich die grauen Wände freundlicher gestalten.

2.26
Im Staudensichtungsgarten Weihenstephan stehen diese Betonkästen mit quadratischem Grundriss. Sie bieten Raum für viele Pflanzen und verschwinden zum Teil unter dem Blattwerk von Sommerblumen und Gemüsen.

2.27
Wer den Baustoff Beton mag, kann ihn auch für Hochbeete nutzen. Die Ringe werden mit dem Kranwagen geliefert und einfach auf den vorbereiteten Platz gehoben.

2.28
Dieser große Betonring soll die Einfassung für ein Rosenbeet bilden. Innen entsteht aus Betonformsteinen ein Fundament für ein Spalier.

Hochbeeten. Der Handel bietet deshalb einige Fertigprodukte aus Beton an, die sich für Hochbeete verwenden lassen, u.a. Betonringe (Schacht- oder Brunnenringe) in verschiedenen Größen oder andere Formteile sowie Schnellbausteine, aus denen sich massive Hochbeete errichten lassen.
Frischer Beton wird als zähflüssige Masse für den Bau von Fundamenten und Wänden in eine Schalung aus Holz o.ä. gegossen. Nach dem Erhärten (Abbinden) des Betons kann die Schalung entfernt werden. Beton wird in der Regel aus 4 Teilen Kies und je 1 Teil Zement und Wasser gemischt. Für Mörtel zum Verfugen oder Verputzen wird der Kies durch Bausand ersetzt.

Hochbeete aus Metall

Im Handel sind Hochbeet-Bausätze aus Edelstahl oder Aluminium erhältlich. Für den Eigenbau ist Me-

2.29
Hochbeete aus Metall wirken auffällig. Zum Bauen eignen sich Bleche aus Aluminium, Edelstahl oder verzinktem Stahl. Solche Behälter sind nicht nur teuer, sondern in naturnahen Gärten auch fehl am Platz.

2.30 Hochbeet für Rollstuhlfahrer
Hochbeete aus Metall können dann sinnvoll sein, wenn sie kaum aus anderen Materialien gebaut werden können. Trotz der geringen Substratschicht gedeihen die Kräuter in diesem Hochbeet für Rollstuhlfahrer prächtig (TU Weihenstephan).

2.31
Hochbeete als kostspieliges architektonisches Mittel: Die aus dickem Stahlblech gebauten Hochbeete stehen vor dem neuen Finanzamt in Regensburg. Der Rosteffekt ist beabsichtigt.

2.32
Hochbeetsystem aus Metall und Kunststoff mit Folientunnel und Bewässerungsvorrichtung.

2.33 Kunststoffkomposter sind keine Augenweide. Sie lassen sich jedoch als verrottungsfeste Hochbeete nutzen (hier im Gemüsegarten der TU Weihenstephan).

tall kaum sinnvoll, denn für die Verarbeitung sind spezielle Werkzeuge, Kenntnisse und Fertigkeiten nötig. Außerdem kosten Metallelemente erheblich mehr als vergleichbare Produkte aus Holz oder Naturstein. Ökologisch gesehen ist auch zu bedenken, ob der hohe Energieaufwand, der zur Herstellung von Metallplatten erforderlich ist, den Einsatz solcher Materialien für die Umfassungswände von Hochbeeten rechtfertigt. Allenfalls aus architektonischen Gründen sollten solche Hochbeetumrandungen eingesetzt werden.
Gabionen, also Gitterkörbe aus Metall, die mit Steinen gefüllt sind (Abb. 2.20) können dagegen eine gute Alternative zu Hochbeetumfassungen aus anderen dauerhaften Materialien sein, wenn schnell und preisgünstig gebaut werden soll.

2.34
Im Handel sind Hochbeete aus Kunststoff in verschiedenen Ausführungen und Größen erhältlich. Für die Pflanzen ist es unwichtig, welches Material dem Erdsubstrat Halt gibt. Wichtiger ist die Qualität des Substrats.

2.35
Hochbeete mit Kunststoff-Einfassung (Landesgartenschau Bamberg)

Pflanzenschutz

(Wühlmausschutz, Schneckenabwehr u.a. Einrichtungen)
Die erhöhte Anbaufläche über der Erde erschwert vor allem den lästigen Schnecken das Eindringen in die Gemüse- und Blumenkulturen. Wenn zusätzlich ein Schneckenzaun an der Oberkante des Hochbeetkastens befestigt wird, haben diese Tiere kaum eine Chance. Zu beachten sind mit Jungpflanzen eingeschleppte Schnecken, die regelmäßig abgesammelt werden sollten. Das Eindringen von Nagetieren ist schon beim Bau oder Einfüllen des Erdsubstrats durch das Auskleiden der Bodenfläche mit Maschendraht zu verhindern. Gegen Kohlweißlinge, Bohnenläuse und andere schädliche Insekten, die aus der Luft kommen, hilft ein Schutzvlies als Abdeckung. Weiterhin hilfreich für ein gesundes Pflanzenwachstum sind die all-

gemein wirksamen Pflanzenschutz-Mittel und -Methoden. Dazu gehören Mischkulturen (siehe S. 106 ff.) und Fruchtwechsel, die Pflanzung von Kräutern mit abwehrenden Duftstoffen, das Sprühen und Gießen mit Pflanzenjauchen (siehe S. 103 ff.) und dergleichen. Auch hier erleichtert die ergonomische Arbeitshöhe an den Hochbeeten die Einrichtung und Ausbringung der entsprechenden Mittel.
Mulchfolie trägt dazu bei, dass sich der Boden schneller erwärmt. Zudem hält Mulchfolie störende Wildpflanzen in den Beeten zurück und verringert die Wasserverdunstung. Wer keinen Kunststoff in den Beeten haben möchte, erzielt eine ähnliche Wirkung durch das Mulchen mit Rindenmulch, Rasenschnittgut oder anderen organischen Stoffen.

Dämmstoffe

Hochbeete können durch Dämmstoffe vor Kälte geschützt werden. Durch den Dämmstoff kühlt die Erde im Kasten langsamer aus und kann im Frühjahr die Wärme auch besser halten als in ungedämmten

2.36
Kräuter kommen mit wenig Wurzelraum zurecht. In diesem speziellen Kräutertopf wachsen Currykraut, Thymian-Sorten, Petersilie und Schnittlauch.

2.37
Eine Kräutertonne kann aus einem Kunststoff-Fass selbst hergestellt werden. Das Ausschneiden der Pflanzlöcher gelingt mit einer Lochsäge.

2.38
Erdbeertonne. Nicht nur für Kräuter, auch für Erdbeeren kann eine Kunststoff-Tonne als Hochbeet dienen. Die genügsamen Stauden benötigen nicht viel Wurzelraum.

2.39
Dekorativer als ein Kunststofffass wirkt eine Tonsäule. Allerdings müssen die Pflanzlöcher mühsam mit einem Steinbohrkopf ausgeschnitten werden. Solche Hilfsmittel gibt es als Vorsatzgeräte für die Bohrmaschine.

2.40
Nach der Bepflanzung haben sich die Kräuter platzsparend in der Säule gut entwickelt. Minze, Petersilie und Rosmarin stehen erntebereit zur Verfügung.

2.41
Solche Kräutertöpfe sind fertig bepflanzt in Gartenmärkten erhältlich. Hier wachsen Petersilie, Liebstöckel und Portulak. Die Ausbuchungen erleichtern das Bepflanzen und Nachpflanzen.

Kästen. Der Handel bietet verrottungsfeste Dämmstoffe aus Kunststoff an, die passend zugeschnitten an den Innenwänden der Kästen befestigt werden. So genannte Thermohochbeete sind auch als Bausätze erhältlich. Wer sich für Dämmplatten aus Kunststoff entscheidet, sollte sie so einbauen, dass sie sich nach der Verrottung des Holzkastens trennen und wieder verwenden oder sich im Wertstoffhof entsorgen lassen. Empfehlenswerter als Kunststoffelemente sind zur temporären Wärmedämmung aber einfach Schilfrohrmatten, Strohballen und andere Stoffe aus organischen Materialien.

Befüllung der Hochbeete

Ein Hochbeet bietet sehr gute Wachstumsbedingungen für Gemüse, besonders, wenn es mit nährstoffreicher Gartenerde befüllt wird (siehe S. 93 ff.), die auf die Pflanzen abgestimmt ist. Vor allem, wenn die Befüllung nach Art eines Hügelbeetes erfolgt, ist das Frühjahr zum Beginn der Gartensaison eine günstige Zeit zum Bau eines Hochbeetes. Dann können die Zweige vom Winterschnitt der Gehölze nach dem Zerkleinern als luftige Bodenschicht genutzt werden. Als nächste Schicht kommen umgedrehte Rasensoden oder Erdschollen in den Kasten. Sie bilden eine feste Lage. Dann folgt eine Schicht Laub oder Stroh. Darauf wird eine Schicht aus verrottetem Stallmist aufgebracht, die gut festgetreten wird. Die Schichten sollten jeweils ca. 15 bis 20 cm dick sein – je nach Höhe des Kastens. Zum Auffüllen bis knapp unter den Rand eignet sich gute Gartenerde. Das kann Mutterboden (lehmiger Sand oder sandiger Lehm mit Humusanteil) sein, der beim Erdaushub anfällt. Er sollte vor dem Einfüllen gesiebt werden. Den Kompost für die oberste Schicht gibt es aus eigener

1 Hier dient eine alte Verpackungskiste als Hochbeetkasten. Sie hat ein recht günstiges Format und ist ausreichend stabil. Das Befüllen nach Art eines Hügelbeets erlaubt zugleich die Entsorgung der Tannen- und Fichtenzweige, die als Frostschutz nützlich waren.

2 Auf die Zweigschicht folgt Gartenerde, die je nach Gartenlage sandig, lehmig oder humos sein kann. Diese hier eher sandige Erde rieselt zwischen die Zweige und verfüllt die Hohlräume.

1

2

Verpackungskiste als Hochbeet

3
Nach dem Festtreten der unteren Schichten kann die Erde verteilt werden. Learning by doing – Kinder helfen gerne mit, wenn sie nicht gezwungen werden und spielerisch dabei sein können.

4
Sobald der Kasten mit Komposterde als oberste Schicht aufgefüllt ist, kann die Pflanzung erfolgen. Zunächst kommen Salatpflanzen an die Reihe. Zudem wird Kresse gesät.

5
Das Angießen der Saat und der Salatsetzlinge bewirkt, dass Wasser alle Hohlräume mit Erde ausschwemmt, so dass die Wurzeln und die Samen direkten Bodenkontakt haben.

6
Nach einigen Jahren: Im Hochbeet ist die Erde zusammengesackt, die Tomaten, die hier jetzt aufwachsen, erhalten zum Schutz vor Regen ein Folienzelt. Dafür genügen Dachlatten.

7
Die spezielle Gartenfolie wird mit Klammern festgetackert. Solche Folien halten normalerweise mehrere Jahre.

8
Die ehemalige Verpackungskiste hat nun eine neue Nutzung als Tomatenhaus. Die Wasserversorgung muss jetzt von Hand erfolgen.

Produktion oder vom Kompostwerk. Nun steht das Beet zum Bepflanzen bereit. Je nach Wetterlage schützen Vliese oder Folienzelte vor Spätfrösten.

Erdfüllung: Ein Hochbeet kann natürlich auch einfach nur mit Erde gefüllt werden, das erspart das Aufschichten nach Art eines Hügelbeets. Dazu eignet sich vorzugsweise ein guter Mutterboden, der beispielsweise vor dem Hausbau abgeräumt und in Haufen gelagert wird. In Kompostieranlagen ist gute Erde als sogenanntes Oberbodensubstrat erhältlich. Dieses lockere, feine Material besteht zu etwa gleichen Teilen aus lehmiger Erde, Sand und Kompost. Anders als eine Füllung in Schichten mit Zweigen, Rasensoden, Laub, Erde und Kompost, sackt die Erdfüllung nicht zusammen, sondern setzt sich nur geringfügig. Bei einer geschichteten Füllung erfolgt der Abbau dagegen ähnlich wie beim Hügelbeet, d.h. das Hochbeet muss nach einiger Zeit nachbefüllt werden.

Ob Gemüse oder Zierpflanzen auf dem Hochbeet wachsen sollen, in jedem Fall sind Mischkulturen günstig (siehe S. 106 ff.). Die Pflanzabstände richten sich nach den Wuchsformen und -größen. Zucchinis, Buschbohnen und anderen Langzeitkulturen, die üppige Büsche bilden, ist naturgemäß mehr Fläche einzuräumen als Salaten, Kohlrabi, Rettichen und anderen Kurzzeitkulturen, die bald geerntet werden. Bei Zierpflanzen, die z.B. als Sichtschutz dienen, sind ebenfalls die Wuchshöhen zu beachten.

Die erhöhte Beetfläche erleichtert die Pflege der Pflanzen im Vergleich zu Flachbeeten erheblich. So gelingt etwa das Stäben und Entgeizen von Tomaten, das Absammeln von Raupen und anderen tierischen Schädlingen, das Gießen per Kanne, die Versorgung mit Düngemitteln und schließlich die Ernte in angenehmer, stehender Haltung. In der tiefgründigen, lockeren Erde gedeihen insbesondere Wurzel- und Knollengemüse hervorragend. Aber auch andere Arten wachsen gut, wenn ihnen das Substrat bekommt. Es lohnt sich also, beim Befüllen nicht irgendeine Erde aus einer Gartenecke zu nehmen, sondern auf ein hochwertiges Material zu achten. Die Erde sollte locker beschaffen sein und eine gute Krümelstruktur aufweisen. Zudem sollte auch der Nährstoffgehalt bekannt sein. Es empfiehlt sich deshalb, vor dem Einfüllen eine Bodenprobe an ein Labor zu schicken (z.B. an die LUFA = Landesuntersuchungs- und Forschungsanstalt, Adressen siehe Internet). Auch hat sich die Bodenverbesserung mit Kompostgaben, Steinmehl und anderen Mitteln zur Nachversorgung bewährt, zumal mit der Gemüseernte immer wieder Nährstoffe verloren gehen.

Wasserversorgung

Mitteleuropa leidet selten unter Wassermangel. Das atlantische Meeresklima bringt immer wieder Regen mit. Doch manchmal hält eine stabile Hochdruckzone alle Regenwolken fern. In diesen Trockenzeiten benötigt der Garten eine zusätzliche Bewässerung, zumal ein Hochbeet im Sommer schneller austrocknet als ein ebenerdiges Beet im Garten
Es ist deshalb sinnvoll, rechtzeitig für solche Regenpausen Gießwasser zu sammeln oder aus vorhandenen Quellen zu erschließen, damit es bei Bedarf rasch und reichlich zur Verfügung steht. Zur Verteilung können neben der guten alten Gießkanne und dem bewährten Gartenschlauch auch spezielle Regner, Tropfer und Sprinkler oder komplette Bewässerungssysteme eingesetzt werden.
Für die Gartenbewässerung sind mehrere Systeme im Handel, die das Wasserschleppen ersparen und per Knopfdruck oder Zeitschaltuhr regulierbar sind. Zum Anschluss an ein Sammelgefäß eignen sich Systeme, die keinen hohen Wasserdruck benötigen. Das sind zum Beispiel Verteiler mit Quellhölzchen oder Tonkegeln, die das Wasser von einem höher gelegenen Behälter erhalten und bei Trockenheit abgeben (Abb. 2.42).
Sprüher, Sprinkler und dergleichen benötigen einen gleichmäßigen Wasserdruck aus der Wasserleitung oder von einer Pumpe mit Druckregelung z.B. vom Hauswasserwerk (siehe Baubeispiel Seite 74 ff. Hangbeete).

Wasserleitungen: Ein Gartenschlauch ist immer noch eine unentbehrliche Wasserleitung im Garten. Durch das biegsame leichte Gummi- oder Kunststoffrohr lässt sich das Wasser rasch in jede Gartenecke leiten. Der Schlauch ist ebenso schnell wieder weggeräumt, wenn ein Schlauchwagen bereit steht oder ein Schlauchhalter vorhanden ist. Mit genormten Kupplungen lässt sich der Schlauch an jede Wasserförderstelle anschließen und mit jedem Verteiler verbinden. Ein Schlauch mit verstellbarer Düse erleichert dabei die Wasserversorgung. Mit einer Universaldüse für Sprüh- und Weitstrahl lässt sich das Wasser richtig dosieren. Der Gartenmarkt bietet eine Reihe sehr nützlicher und preiswerter Steckdüsen und Verteiler an. Mit Hilfe der Steckverbindungen können auch Stand-, Kreisel- oder Viereckregner an den Schlauch oder an das Leitungsnetz angeschlossen werden. Viele Bewässerungseinrichtungen sind mit Zeit-

2.42
Das Wasser läuft aus einem hochgestellten Eimer durch Schläuche in Tonkegel. Wenn die Erde nass ist, schließen sich die Poren der Tonkegel, so dass die Wasserzufuhr gestoppt wird.

2.43
Wichtig: Nach der Aussaat erfolgt das Angießen mit der Gießkanne mit Brausevorsatz. Zum Gießen mit vorgewärmtem Wasser sollte stets eine gefüllte Kanne bereit stehen.

2.44
Solche Sprinkler brauchen einen geregelten Wasserdruck. Sie werden in Abständen in den Boden gesteckt und dann mit Leitungswasser beschickt.

schaltuhren regulierbar. Der „Bewässerungscomputer" optimiert die Wasserversorgung im Garten. Ein Feuchtefühler misst die Bodenfeuchtigkeit und setzt die Beregnungsanlage bei Bedarf in Betrieb.
Wird ein Garten neu angelegt, sollte schon vor der Ausführung das Wasserleitungsnetz geplant werden. Statt des beweglichen Schlauches kann dann ein festes Leitungsnetz aus Kunststoff- oder Metallrohren unterirdisch verlegt werden. Auch „Sprühschlangen" können während der Saison in die Kulturen gelegt werden. Nach dem Anschluss an die Wasserquelle dringen kleinste Tröpfchen aus winzigen Öffnungen und benetzen die umgebenden Pflanzen. Soll nur die Erde befeuchtet werden, können Perlschläuche ausgelegt werden. Das sind poröse Kunststoffschläuche, durch die das Wasser wie durch einen Schwamm auf den Boden quillt.

2.45
„Herzstück" dieses Bewässerungs-Systems ist der Druckminderer. Dazu gehören Schläuche, Halterungen zum Einstecken in den Boden, sowie Tropfer, Sprinkler und Verbindungselemente.

2.46
Zunächst wird der Druckminderer platziert und an den Gartenschlauch angeschlossen.

2.47
Vom Druckminderer ausgehend erfolgt die Verlegung eines Schlauchs im Beet. Er wird hier unter der Kastenwand durchgeführt, damit er beim Auflegen der Fenster nicht stört.

2.48
Das Einsetzen der Tropfer oder Sprinkler ist erst dann möglich, wenn Löcher in den Schlauch gestochen wurden.

2.49
Das Gießwasser erwärmt sich an der Luft und wird gleichmäßig im Beet verteilt.

Höhenverstellbares Hochbeet

1
Anhand einer Planskizze werden die Bauteile beschafft. Der Kasten entsteht aus Brettern, Kanthölzern und Acrylglas.

2
Beim Zuschnitt ist eine Handkreissäge hilfreich. Exakte, rechtwinklige Sägeschnitte erleichtern den Zusammenbau.

3
Mit der Kreissäge können die Bretter auch schräg zugeschnitten werden. Das Vorbohren und Verschrauben auf den Kanthölzern erfolgt mit einem Bohrschrauber.

4
Das schräg gebaute Oberteil des Kastens verbessert später den Lichteinfall und ermöglicht, dass Regenwasser zügig abläuft. Der Kasten sollte auf einem ebenen Untergrund zusammengebaut werden.

5
Der Fensterrahmen wurde mit Winkelbindern montiert. Als Auflager für die dünne Acrylglasscheibe dient ein Fensterkreuz. Dafür sind dünne Leisten ausreichend.

6
Für den Zuschnitt der dünnen Acrylglasscheibe genügt eine Haushaltsschere. Die Schnittlilien auf dem Kunststoff werden mit einem wasserfesten Faserstift aufgezeichnet.

1

2

3

4

5

6

7
Durch die höhenversetzt montierten Eckpfosten haben die Kastenteile beim Aufsetzen Halt. Auf diese Weise kommt ein stabiles Hochbeet zustande, dessen Teile dennoch stapelbar sind.

8
Ein solcher Wanderkasten sollte nicht zu groß und nicht zu schwer gebaut werden, damit er sich gut transportieren und im Garten umsetzen lässt. Die stapelbaren Elemente erleichtern den Transport.

9
Zur Probe wird das obere Element aufgesetzt. Ein solcher Kasten kann auch aus mehreren Etagen bestehen, so dass sich eine Beethöhe von 70 cm ergibt.

10
Jetzt muss noch die Acrylglasscheibe mit Scharnieren festgeschraubt werden. Acrylglas lässt sich nicht nur bohren, es hat zudem wenig Gewicht und zerbricht nicht.

11
Ein Fenstergriff ist aus Abfallhölzchen schnell gebastelt. Stattdessen kann auch ein Metallgriff vom Baumarkt montiert werden.

12
Im Garten erhält der Kasten einen sonnigen Platz in einem Gemüsebeet. Als Füllung ist reifer Kompost aus eigener Produktion ideal.

13
Nach dem Verteilen der lockeren Komposterde mit dem Rechen, steht das Hochbeet zum Bepflanzen bereit.

14
Die Pflanzung von Kopfsalat ist vom Frühjahr bis zum Spätsommer möglich. Die vorkultivierten Pflänzchen wachsen im nährstoffreichen Substrat zügig an.

15
Vor allem brauchen die Pflanzen Wasser. Auch wenn bei kühlem Wetter das Fenster aufgesetzt wird, darf das Gießen nicht vernachlässigt werden. Bei sonnigem Wetter ist es wichtig, ausreichend zu lüften.

16
Bei guter Pflege und Versorgung gibt es schon wenige Wochen nach der Pflanzung erntereife Salatköpfe. Das Beet bietet dann Platz für andere Gemüse.

Erhöhtes Beet mit Holzeinfassung (Douglasie)

1

2

1
Die Materialien für den Bau des kleinen Hochbeetkastens: Bretter, Latten und Schrauben. Für den Zuschnitt genügt eine Bügelsäge. Das Vorbohren und Zusammenschrauben gelingt mit einem Bohrschrauber.

2
Nach dem Anzeichnen der Schnittlinien mit Hilfe eines Schreinerwinkels kommt die Säge zum Einsatz. Arbeitsböcke erleichtern den Zuschnitt.

3

4

3
Beim Auslegen der Holzbauteile werden schon die Form und Größe erkennbar. Solche Eigenbaukästen lassen sich je nach Standort, gewünschter Beetfläche und Arbeitshöhe gestalten.

4
Der Einbau von Eckpfosten ermöglicht feste Verschraubungen und steift den Kasten aus. Zunächst werden die Löcher vorgebohrt.

5
Nach dem Ansenken der Bohrlöcher lassen sich die Schraubköpfe bündig ins Holz eindrehen. Für diesen einfachen Kasten genügen statt teurer Edelstahlschrauben verzinkte Schrauben.

6
Auf einer ebenen Unterlage werden die Seitenteile passgenau aufgestellt. Beim Kauf der Bretter im Baumarkt ist darauf zu achten, dass sie nicht verzogen sind.

5

6

7

8

9

10

11

7
Zum ebenen Platzieren auf dem Gartenboden ist eine Wasserwaage hilfreich. Bei Bedarf wird Erde abgegraben oder der Kasten unterfüllt.

8
Hier kann die Aushuberde für ein kleines Wasserbecken gleich zum Befüllen des Hochbeetes genutzt werden. Obenauf kommt eine fertige Substrat-Mischung in den Kasten.

9
Die Rasensoden werden umgedreht und mit dem Spaten zerkleinert. Das Gras verrottet dann mit der Zeit im Kasten.

10
Nach dem Einfüllen der Substrat-Mischung wird der Kasten mit Salatpflanzen, Erdbeeren, Zucchinis, Tomaten und Kräutern bepflanzt.

11
4 Wochen später: Die Pflanzen sind schon gut angewachsen. Im Wasserbecken treiben die ersten Seerosenblätter an die Oberfläche. Das trübe Wasser klärt sich noch.

Einfaches Hochbeet als Mistbeetkasten

1

2

3

1
Nach Art eines Hügelbeetes wird zunächst am vorgesehenen Standort eine flache Grube ausgehoben. Der Mutterboden wird später wieder zum Befüllen gebraucht. In den meisten Gärten besteht der Mutterboden aus sandigem Lehm oder lehmigem Sand mit mehr oder weniger Humusanteilen. Wer sicher sein will, wie der Boden beschaffen ist und welche Nährstoffe er enthält, sollte eine Probe untersuchen lassen.

2
Hier bietet sich ein Zaunpfosten aus Beton zum Festschrauben der Rückwand an. Für den Bau des Kastens konnten kostenlos gebrauchte Schalungsdeckel von einer Baufirma beschafft werden.

3
Für den Zusammenbau genügen hier schmale Leisten in den Ecken. Sie geben den Schraubverbindungen genügend Halt. Die Seitenwände wurden vorher mit der Kreissäge zugeschnitten.

4

5

6

4
Besonders in Feldrandlage dringen Wühlmäuse oft in den Garten ein. Vorsorglich erhält das Hochbeet ein engmaschiges Schutzgitter, das vor dem Befüllen auf dem Boden aufgebracht wird

5
Die unterste Schicht im Beet bilden Zweige vom Gehölzschnitt. Sie werden passend zugeschnitten und dicht nebeneinander gelegt. Durch die Zweige wird die Durchlüftung der Mistbeetpackung am Boden gefördert.

5
Gut verrotteter Stallmist dient zur Humusversorgung und wirkt als Langzeitdünger. Das strohige Material verfüllt die Lücken zwischen den Zweigen und bilden dann die zweite Schicht im Beet.

7
Der Mist sollte vorzugsweise von einem Biobauernhof stammen, damit mit Sicherheit keine Schadstoffe oder Antibiotika in das Beet gelangen. Statt Rindermist eignet sich auch Pferdemist. Mit noch warmem Mist lässt sich sogar ein warmer Kasten anlegen.

8
Damit die Packung lange erhalten bleibt und nicht schon bald zusammensackt, ist Verdichten nötig. Das geschieht am einfachsten durch Festtreten.

9
Nach dem Festschrauben der Frontwand kann weiter mit Mist aufgefüllt werden. Das Verdichten verhindert wiederum ein zu schnelles Absacken der Schichten.

10
Auf den Mist folgt eine Schicht guter Gartenerde. Sie stammt hier vom Erdaushub für ein Gewächshaus im Garten.

11
Die oberste Schicht bildet reifer Gartenkompost. Wie beim Hügelbeet ist der Schichtenaufbau variabel – je nach Verfügbarkeit von Materialien. Wenn genügend Mist zu bekommen ist, kann auf eine Stroh- oder Laubschicht verzichtet werden.

12
Das Hochbeet erhält noch eine Abdeckung mit einem Kunststofffenster. Dadurch kann er als Mistbeet oder warmer Kasten genutzt werden. Vor der Bepflanzung muss der Kasten noch einige Tage gelüftet werden, damit Ammoniakgase aus dem Mist entweichen können.

Frühbeetkasten und Gemüselager

1

2

3

4

1
Material: Neben alten Fenstern (mit Fensterrahmen) werden je nach Kastengröße entsprechend viele Bretter benötigt. Der Zuschnitt erfolgt hier mit der Stichsäge.

2
Die Fensterrahmen geben das Maß des Hochbeetkastens vor. Die Rückwand wird höher gebaut als die Frontwand, denn die schräge Lage der Fenster begünstigt die Besonnung.

3
Die Eckpfosten müssen ausgeschnitten werden, damit der Fensterrahmen richtig sitzt. Der stapelbare Kasten erhält vier verlängerte Eckpfosten; das gibt den folgenden Brettern Halt (vgl. Abb. 6). Nach dem Festschrauben der Rückwand und des ersten Frontbretts nimmt der Kasten schon seine Form an.

4
Das erste Seitenbrett gibt zusätzliche Stabilität. Der Neigungswinkel der Fensterrahmen kann beliebig gewählt werden (hier etwa 45°). Eine steile Stellung der Fenster ist besonders im Frühjahr und Herbst günstig, wenn die Sonne tief am Himmel steht. Der Kasten wird nach Süden ausgerichtet. Zu beachten ist, dass die Rahmen so eingebaut werden, dass sich die Fenster von oben einhängen lassen.

5

6

5
Die Seitenbretter werden jeweils an den Eckpfosten und am Fensterrahmen mit rostfreien Schrauben festgeschraubt. Der Zusammenbau erfolgt auf einer ebenen Fläche, damit sich der Kasten nicht verzieht.

6
Nach Bedarf lässt sich der untere Teil des Frühbeetkastens mit mehreren Zwischenelementen aufstocken, je nach gewünschter Arbeitshöhe des Hochbeets. Durch das jeweils versetzte Montieren der Eckpfosten wird das Oberteil im unteren Kasten fixiert.

7
Ein Rahmen aus Brettern verdeckt die Fugen zwischen den Fenstern.
Im Herbst steht der Kasten als Lager für Gemüse zur Verfügung. Im Frühjahr kann er mit Erde gefüllt und als Frühbeet-Hochbeet genutzt werden.

8
Der Kasten hat eine recht gute isolierende Wirkung, wenn die Fenster dicht schließen. Als zusätzlicher Frostschutz können Schilfrohrmatten aufgelegt werden. Sie dienen auch zur Schattierung, wenn Gemüse im Kasten gelagert wird.

7

8

Geschwungenes Hochbeet aus Bruchsteinen

1
Die Lieferung der Bruchsteine übernimmt hier ein Spediteur. In der Oberpfalz sind Kalksteine aus dem Jura für die Region typisch und daher auch günstig erhältlich (1 Tonne für ca. 20 Euro + Lieferung).

2
Die großen Brocken werden per Sackkarre zur Baustelle gefahren und direkt auf den Mutterboden gesetzt. Der vorher gelieferte Humus dient zum Verfüllen der Fugen und zum Anlegen des Hochbeets.

3
Mittlerweile hat das Beet die gewünschte Form angenommen. Es wird nun mit Humus aufgefüllt.

4
Die Fugen zwischen der Beeteinfassung und dem Klinkerpflaster lassen sich entweder mit Humus oder mit Kalksplitt füllen. Das gelingt am einfachsten durch Einkehren des Materials mit einem harten Besen.

5
Das Hochbeet neben der Terrasse soll als Sichtschutz und Schmuckbeet dienen. Entsprechend wird das Pflanzensortiment zusammengestellt.

6
Containerpflanzen ermöglichen die Anpflanzung jederzeit, auch im Sommer. Die Pflanzen in den schwarzen Kunststofftöpfen haben unbeschädigte Wurzelballen und wachsen nach dem Einsetzen zügig an.

7
Bei geschickter Auswahl und Zusammenstellung wirkt das Beet immer attraktiv. Hier blühen im Frühjahr Steinkraut (*Alyssum*) und Küchenschellen. Die kleinen Kiefern setzen im Winter Akzente.

8
Den Sommer hindurch bringen Bodendeckerrosen (*´Fairy´*) und die Katzenminze ständig neue Blüten hervor. Die Pflanzen benötigen außer einem Rückschnitt im Frühjahr keine besondere Pflege.

Hochbeet aus Granit

1

2

3

1
Das Hochbeet entsteht im Zuge der Gartengestaltung. Vor der Anlage ist die Zufahrt mit Baumaschinen und die Anfahrt der Granitsteine noch ungehindert möglich.

2
Nach dem Verteilen von Schotter und dem Verdichten mit dem „Frosch" wird das Mauerwerk aus Granitsteinen errichtet. Richtschnüre geben den Verlauf vor. Der Schotter dient als Frostschutz und verhindert aufsteigende Feuchtigkeit im Mauerwerk.

3
Die Höhe des Beetes richtet sich nach der Breite der Granitsteine. Hier sollen 4 Steinreihen aufgemauert werden.

4 und 5
Nach dem Befüllen mit Humus kann das Hochbeet bepflanzt werden. Hier gibt es schon erntereife Erdbeeren.

4

5

Hochbeet als Kräuterschnecke

1

2

1
Ein Kräuterbeet nah am Haus bietet während der Saison frisches Grün für die Küche. Dazu bietet sich eine Kräuterschnecke an, die aus Bruchsteinen und Erde gebaut wird.

2
Die Steine werden kreisförmig ausgelegt, dann erfolgt das Auffüllen mit guter Gartenerde. Für die meisten gebräuchlichen Küchenkräuter ist lehmiger Sandboden mit Humusanteilen ideal.

3
Damit eine Schneckenform entsteht, wird der Steinkreis nach innen versetzt weiter ausgebaut. Die gewünschte Höhe der Schnecke wird durch das Aufschütten von Erde erreicht.

4
Nach dem Setzen der Steine wird wiederum Erde aufgeschüttet, bis die endgültige Höhe erreicht ist. Auf diese werden die letzten Steine der Schnecke aufgebracht.

5
Kräuter sind im Handel in Töpfen erhältlich. Die buschigen Pflanzen wachsen zügig an.

6
Nach der Pflanzung sollte regelmäßig gegossen werden.

3

4

5

6

Hochbeete aus Betonfertigelementen

1
Frühbeet-Hochbeet-Bausätze sind gelegentlich im Baustoffhandel zu bekommen. Diese Kästen sehen zwar nicht dekorativ aus, sie sind aber verrottungsfest und robust. Zuerst werden die Eckposten gesetzt.

2
Die Seitenteile rasten in Führungsschienen in den Pfosten ein. Wichtig ist das exakte Einrichten der Pfosten, damit sich die Seitenteile beim Einsetzen nicht verkanten.

3
Zum Graben schmaler, tiefer Löcher in den Boden ist ein Handbagger nützlich. Solche Doppelspaten sind im Werkzeug-Fachhandel erhältlich.

4
Nach dem Zusammenbau des Kastens werden die Fenster aufgelegt. Frühbeetfenster sind gelegentlich bei Gärtnereien erhältlich, die ihren Betrieb modernisieren oder auflösen.

5
Für die Wege zwischen den Kästen dienen hier einfache Betonplatten. Sie werden ohne Unterbau auf dem Gartenboden verlegt.

6
Damit das Gemüse gut gedeiht, erhält das Hochbeet eine Erdmischung aus lehmiger Gartenerde, Sand und Kompost zu gleichen Teilen.

7
Im Frühjahr beginnt die Pflanzzeit mit Salat, Kohlrabi, Rettich und anderen Frühkulturen. Die Fenster bieten einen Schutz vor geringen Nachtfrösten.

8
Pflanzen unter Glas müssen natürlich regelmäßig gegossen werden. Auch das Lüften an sonnigen Tagen ist nicht zu vergessen.

9
Die Pflanzen wachsen in diesem geschützten Kleinklima und bei guter Versorgung zügig auf. Die Mischkultur mit Tagetes im Beet schützt vor Wurzelälchen.

10
Im Herbst steht dann nach der Nachpflanzung und Nachsaat die 2. Fruchtfolge aus Karotten, Sellerie und Blattsalaten zur Ernte an. Die Frühbeetfenster liegen zum Schutz vor Frösten bereit.

Hochbeete aus Betonringen

1

2

1
Bevor der LKW mit den Betonringen eintrifft, muss der Standort vorbereitet sein. Als Unterbau dienen hier Pflastersteine, die ringförmig verteilt und "im Wasser" eingerichtet werden.

2
Der LKW-Fahrer setzt die Ringe mit dem Kran punktgenau auf den vorgesehenen Standort. Die Zufahrt muss möglich sein, denn die schweren Betonformteile lassen sich nur so transportieren. Allenfalls kleine Ringe können auf die Baustelle gerollt werden.

3
Nach dem Platzieren stehen die Hochbeete zum Befüllen und Bepflanzen bereit. Dazu dient wiederum gute Gartenerde, wie z.B. Mutterboden vom eigenen Grundstück oder ein geliefertes Oberbodensubstrat.

4
Hier werden in bequemer Haltung Salat und Kohlrabi gepflanzt.

5
Nach dem Anstrich mit der Hausfassadenfarbe sehen die Betonhochbeete etwas freundlicher aus. Auch eine das Ziegelpflaster umgebende Bepflanzung wird helfen, die weitgehende Versiegelung des Vorgartens optisch zu mildern.

3

4

5

Hochbeet im Gewächshaus

1
Die Umrandung der Hochbeete wird, halb in der Erde liegend, aus Betonsteinen gemauert. Sie ist zugleich Fundament und Sockel für ein kleines Gewächshaus. Die Baugrube wurde mit dem Bagger ausgeschachtet.

2
Hochbeete und Außenraum werden mit Erde aufgefüllt. Zum Sieben der Gartenerde ist ein Metallgitter nützlich.

3
Der schmale Arbeitsraum in der Mitte wird später durch eine paar innenliegende Treppenstufen zugänglich gemacht.

4
Der Gewächshausrahmen wird vormontiert und auf dem Mauerwerk aufgestellt. Der Rahmen aus Brettern war bereits beim Mauern als Schablone hilfreich und gab den Grundriss vor. Er wird jetzt als Unterlage genutzt.

5
Bei den Bausätzen für solche Kleingewächshäuser aus Aluminium muss der Zusammenbau exakt nach Plan vonstatten gehen. Insbesondere ist es nötig, die Schrauben in die Profilleisten einzuführen.

6
Vorsorglich wurde schon beim Fundamentbau ein Leerrohr für ein elektrisches Erdkabel im Boden verlegt. Eine Stromversorgung ist u.a. für einen Frostwächter nützlich.

7
Durch ein Entwässerungsrohr kann überschüssiges Gießwasser abziehen. Allerdings ist der Boden ohnehin unversiegelt und gegossen werden nur die Hochbeete.

8
Beim Einglasen nach Plan werden die Glasscheiben mit speziellen Edelstahlklammern am Rahmen befestigt.

9
Das kleine Gewächshaus nimmt eine Menge Pflanzen auf. Die ergonomische Arbeitshöhe erleichtert die Pflanzung und Pflege.

10
Hacken, Gießen, Aufbinden und dergleichen ist bequem in stehender Haltung möglich. Einfache Hilfsmittel erleichtern die Pflege, so gibt ein Rankgitter der Gurkenpflanze Halt und erspart das Heften.

11 *rechte Seite*
Eine Treppe aus Ziegeln führt zum Gewächshaus, außen bieten zusätzliche Beete Platz für weitere Pflanzen.

12 *rechte Seite*
In einem erhöhten Beet aus Ziegeln wachsen Buchsbäumchen, Rosen, Ringelbumen, Rettiche und Tomaten. Zum Regenwassersammeln vom Dach steht ein Tank bereit.

11

12

3.1
Solche massive Quader aus Naturstein (hier handbehauene Kalksteine aus Eichstätt) fangen einen Hang ohne Mörtel sicher ab.

3.2
Bruchsteine machen mehr Mühe beim Aufschichten. Auch mit diesen unregelmäßigen Natursteinen entstehen dekorative und massive Stützmauern.

3.3
Trockenmauern können als buntes Beet gestaltet werden. Hier gedeihen Blütenstauden wie Steinkraut, Wolfsmilch, Katzenminze und andere Arten am Hang. Zudem wurden Küchenkräuter gepflanzt.

3.4
Im Staudensichtungsgarten Weihenstephan wurde ein ganzer Hang terrassiert und als Steingarten gestaltet. Trockenmauern fangen die einzelnen Terrassen ab.

3.5
Große Findlinge sitzen nach dem Platzieren mit dem Bagger unverrückbar fest. In den Fugen haben sich Polsterstauden ausgebreitet. Auf der Terrasse wachsen Blütensträucher.

3 Hangbeete und Terrassengärten

Viele Weinberge wurden an Hängen weniger wegen der günstigen Besonnung angelegt, als aufgrund von Platzmangel in den begrenzten Tallagen. Der Boden war gewöhnlich steinig und für Gemüse und Getreide ungeeignet. Auch der Anbau anderer Kulturen erwies sich in den oftmals schwer zugänglichen Lagen als kaum möglich oder war äußerst mühsam und unwirtschaftlich. Wein und Obst aber gediehen meist gut. Die Weinreben zeigten sich als robuste und anpassungsfähige Pflanzen. Sie konnten mit ihrem kräftigen Wurzelwerk den Boden gut erschließen, um sich selbst zu versorgen. So wurde aus der Not eine Tugend, die heute noch Bestand hat.

Auch kleine Hanggrundstücke lassen sich vorteilhaft nutzen und gestalten. Neben Natursteinen, Betonformteilen, Gabionen und anderen stabilisierenden Gestaltungselementen tragen auch Pflanzen dazu bei, einen Hang oder eine Böschung zu festigen. Auch wenn ein Garten am Hang mehr Mühe bereitet als ein Garten in der Ebene, können Hanggrundstücke durchaus Vorteile haben: Sie lassen sich spannungsreich gliedern und harmonisch in die sie umgebende Landschaft einfügen.

Ihre „Schräglage" bietet sich vorzüglich für Steingärten und eine Terrassierung mit Trockenmauern an (siehe linke Seite). Oft fällt passendes Baumaterial in Form von Bruchsteinen schon beim Aushub der Baugrube auf dem eigenen Gelände an (Baubeispiel S. 65 ff.). Feldlesesteine oder unbehauene Bruchsteine sind zum Abfangen kleiner Böschungen gut geeignet, bei größeren und steileren Einfassungsmauern sind kantige Natursteine besser zu verarbeiten, die sich einfacher aufschichten lassen.

Für ein Hügelbeet genügen Gartenabfälle und Erdsubstrate als Baustoffe. Der Bau einer einfachen Hochbeetumrandung ist mit einigen Brettern und Befestigungselementen realisierbar. Ein Terrassengarten am Hang benötigt dagegen eine Fülle an Materialien. Je nach Größe und Gestaltung sind Erden, Sand, Kies, Schotter, Beton, Natursteine und andere Baustoffe nötig.

Massiver Unterbau oder nicht?

Gestaltungselemente im Garten müssen so beschaffen sein, dass sie den Standortverhältnissen im Freien entsprechen. Insbesondere müssen sie standsicher sein, wetterbeständig und ausreichend verrottungsfest.

Allerdings gibt es im Gartenbau durchaus Spielraum bei der Auswahl und Nutzung von Materialien. Während beispielsweise Hauptwege, Eingangstreppen oder andere Bauten frostbeständige Fundamente aus tiefgründendem Beton benötigen, ist ein massiver Unterbau für Nebenwege, Gartentreppen oder andere einfache Baulichkeiten oftmals nicht zwingend nötig, es sei denn, der Boden ist aufgeschüttet. So kann zum Beispiel eine Trockenmauer direkt auf dem gewachsenen Boden aufgeschichtet werden. Bei der Terrasse mit Trockenmauern (Seite 68/69) wurden die Kalkbruchsteine ohne Unterbau auf dem Gelände errichtet. Diese Trockenmauer besteht seit 1996 und ist mittlerweile gut eingewachsen. Ebenso wurden die Blockstufen für die Treppe direkt auf dem Erdboden aufgeschichtet. Ohne festen Unterbau entstand auch der Steingarten für die Hangbefestigung einer Terrasse (S. 65 - 67). Dagegen wurden die Hochbeete zum Abfangen eines Hangs (S. 79 ff.) mit massivem Fundament geschaffen. Die Art der Ausführung muss bei jedem Bauprojekt individuell beurteilt werden.

Lose Erde befestigen

Oftmals ist es nach dem Bau eines Hauses auf einem Hanggrundstück notwendig, die Aushuberde vor dem Abrutschen zu sichern, vor allem, wenn diese, was häufig der Fall ist, zu einer Erdterrasse aufgeschüttet wurde. Anders als gewachsener Boden, der aus Gestein, verdichtetem Lehm oder anderem abgelagertem und verfestigtem Material besteht, gibt frischer Humus nach, das heißt, er sackt zusammen. Vor der Bepflanzung müssen angeschüttete Böschungen deshalb verdichtet, und meist auch noch, wenn sie ein stärkeres Gefälle haben, zusätzlich abgestützt werden. Rasengräser bilden zwar in wenigen Wochen eine dichte Grasnarbe, sie wurzeln aber nicht tief genug und können nur die oberste Erdkrume befestigen.

Zur Stabilisierung helfen Pflanzen mit vielverzweigtem, tiefreichendem Wurzelwerk, die sich fest im Boden verankern und ein dichtes Geflecht entwickeln. Typische Hangpflanzen, die auch in der Natur Hänge festigen, sind u.a. Felsenmispeln (*Cotoneaster-Arten*), Bergkiefern (*Pinus montana*) und Wacholder (*Juniperus-Arten*). Ebenso geeignet sind andere wuchernde Pionierpflanzen, wie etwa Brombeerbüsche, Sanddorn und Schlehen, die in Rodungen und Lichtungen zügig die brachen Flächen bewachsen (siehe untenstehende Tabellen). Diese ausläufertreibenden Arten machen allerdings nicht

Tabelle 3.1
Gehölze für die Hangbegrünung

Tabelle 3.2
Stauden für die Hangbegrünung

Gehölze für die Hangbegrünung (niedrige für flächige Pflanzung; Auswahl)	
Art	Eigenschaften
Berberis Berberitze	verschiedene Arten, bewehrt
Cotoneaster dammeri Felsenmispel	immergrün, robust, blühend, rote Beeren
Hypericum calycinum Johanniskraut	wintergrün, gelbe Blüten, schattenverträglich
Juniperus horizontalis Kriechwacholder	immergrün, breitbuschig
Lavandula angustifolia Lavendel	immergrün, blühend, duftend
Lonicera nitida Immergrüne Heckenkirsche	immergrün, für schattige Plätze
Mahonia aquifolium Mahonie	immergrün, gelbe Blüten, schattenverträglich
Pinus mugo 'Mops' Zwergbergkiefer	immergrün, kompakt
Rosa Bodendeckerrosen	verschiedene robuste, pflegeleichte Sorten
Salix helvetica Schweizer Weide	robuster Zwergstrauch

Stauden für die Hangbegrünung (flächig wachsende Polster; Auswahl)	
Art	Blüte
Alyssum saxatile Steinkraut	März/April, gelb
Arabis caucasica Gänsekresse	März/April, weiß
Aster alpinus Frühlingsaster	April/Mai, blau
Aubrieta x Hybriden Blaukissen	April/Mai, blau
Campanula-Arten Glockenblume	Juni-August, blau
Dianthus plumarius Felsennelke	Juni/Juli, rosa
Gypsophilla repens Schleierkraut	Mai/Juni, rosa
Iberis saxatilis Schleifenblume	April/Mai, weiß
Phlox subulata Polsterphlox	April/Mai, rot
Saponaria ocymoides Seifenkraut	Mai-Juli, rosa
Saxifraga-Arten Steinbrech	April/Mai, rot, gelb
Sedum-Arten Mauerpfeffer	Juni/Juli, verschiedene

vor anderen Flächen Halt und müssen deshalb begrenzt werden. Wo sie zu wüchsig sind, setzt man besser kultivierte Arten ein. Schön und vital sind beispielsweise Bodendeckerrosen, Feuerdorn-Sorten und Schneebeeren.
Ihre Eignung ist jedoch von der Lage abhängig, vor allem davon, ob der Hang besonnt wird oder im Schatten liegt. Bodendeckerrosen brauchen viel Sonne, Schneebeeren nehmen auch Schatten hin. In den Gartencentern sind Bodendecker für die Hangbegrünung zu finden, die pflegeleicht und robust sind. Das macht sie besonders für wenig zugängliche Böschungen wertvoll, die sich schlecht pflegen lassen.

Erde mit Gründüngung sichern: Oftmals ruht unter der dünnen Humusdecke eines Hanggrundstückes eine mächtige Felsformation, die natürlich die Bepflanzung wesentlich erschwert oder einschränkt. Es gilt bereits im Zuge des Hausbaus oder der Renovierung die meist geringe, wertvolle Humusdecke zu schützen. Anderenfalls können bei heftigen Regenfällen Erdrutsche die Folge sein. Die Humusdecke lässt sich

3.6
Natürliche Baustoffe sind gut kombinierbar. Während die Mauer aus Buntsandstein die Terrasse abstützt, breitet sich unten ein Kiesbeet am Teich aus.

3.7
Auch hier wurde mit verschiedene Naturbaustoffen gearbeitet. Zum Klinkermauerwerk und dem Ziegeldach passt eine Trockenmauer aus Kalkbruchsteinen. Den Garten frieden an dieser Stelle eine Kolkwitzie, ein weißbunter Hartriegel, ein rotblättriger Perükkenstrauch, eine Zierhimbeere und eine Blutpflaume ein.

3.8
Hier wurden zwei Terrassen am Hang geschaffen. Vom Sitzplatz am Haus geht eine niedrige Böschung zum Rasen über. Die ebene Rasenfläche wird von einer Natursteinmauer abgefangen.

3.9
Die zweifache Terrassierung mit Trockenmauern schafft eine sanfte Hanggliederung.

recht rasch und ohne großen Aufwand durch die Einsaat von Gründüngerpflanzen sichern (Bildbeispiel S. 74 ff.). Dazu dienen Sämereien, die leicht keimen und in kurzer Zeit einen dichten Bewuchs bilden. Bewährt haben sich Gelbsenf (*Sinapis alba*), Phacelia und Luzerne oder eine Mischung aus verschiedenen Arten. Diese Pflanzen bilden ein weitverzweigtes Wurzelwerk, mit dem sie die lose Humusdecke festigen. Es dauert bei einer Aussaat im Frühjahr etwa 14 Tage, bis Gründüngerpflanzen einen dichten Bewuchs bilden. Bis beispielsweise Gelbsenfpflanzen dann ein weitverzweigtes Wurzelwerk entwickelt haben, vergehen nochmals mehrere Wochen. Steht die Gestaltung des Gartens an, werden die Gründüngerpflanzen in den Boden eingefräst oder abgemäht, mit dem Rechen zusammengetragen und gehäckselt, wenn sie bereits holzige Stängel gebildet haben. Das Material dient dann später zum Mulchen der angelegten Beete.

Terrassen für Obst und Gemüse

Zugängliche, sonnige Böschungen sind zum Verwildern zu schade. Sie bieten beste Bedingungen für den Anbau von Nutzpflanzen. Weinreben, Obstspaliere, Himbeeren, sowie Gemüse aller Arten lassen sich hier ziehen. Dazu ist jedoch eine Terrassierung und die Erschließung durch Wege und Treppen nötig. Bei einem Neubaugrundstück sollte deshalb die Anlage eines Terrassengartens am besten schon während der Bauzeit des Hauses mit berücksichtigt werden. Denn auf der Baustelle ist der Einsatz von Fahrzeugen und Maschinen noch möglich. Später sind Schäden meist unvermeidlich oder die Maschinen lassen sich wegen Mauern, Zäunen und Bodenbelägen nicht mehr in den Garten holen. Ohne Maschinen ist der Ausbau von Terrassenbeeten aber eine mühsame, langwierige Angelegenheit. Bewährt haben sich zum Bau von Trockenmauern und Steingärten kleine Radlader, die für wenig Geld gemietet werden können. Sie erleichtern den Transport von Steinen, Erde und anderen Baustoffen erheblich.
Ein detaillierter Plan ist notwendig, um eine Baustoffliste erstellen zu können, die wiederum Kostenberechnungen erleichtert. Die Beschaffung großer Mengen an Schüttma-

3.10
Wohnen auf zwei Ebenen – oben bietet die Holzterrasse genügend Platz zum Sitzen, unten lädt die großzügige gepflasterte Fläche zum Verweilen ein. Die Trockenmauer am Hang entstand aus Bruchsteinen, die beim Aushub der Baugrube zu Tage gefördert wurden.

3.11
Feldlesesteine wurden früher für den Bau von Trockenmauern genutzt. So entstanden die Terrassen in den Weinbergen.

Baubeispiel: Hochbeet statt Böschung

1
Hier soll eine steile Böschung mit einer Stützmauer aus Granit abgefangen werden. Mit einem Minibagger ist der Aushub der schweren Lehmerde leicht schaffen.

2
Der Schotter für den Unterbau muss gut verdichtet werden. Er dient als Frostschutz und verhindert Staunässe.

3
Nach dem Spannen der Richtschnüre erfolgt das Aufmauern der Granitsteine. Ein leichter Bogen im Mauerwerk schafft Raum für die Bepflanzung.

4
Nach dem Abbinden des Mörtels kann das Hochbeet mit Oberboden-Substrat aufgefüllt und bepflanzt werden. Der vorhandene lehmige Boden bleibt erhalten.

5
Durch den Bau der Mauer entsteht ein kleiner Gemüsegarten in angenehmer Arbeitshöhe. Die steile Böschung war vorher nur mühsam zu kultivieren.

6
Drei Monate später: Die Zucchinis haben sich nach der Pflanzung im Frühjahr gut entwickelt. Zudem breiten sich Erdbeeren im Beet flächig aus. Das Gemüsebeet schließt hier an ein Obstspalier an.

terialien wie Schotter für den Unterbau, Beton für Fundamente, Humus zum Auffüllen und dergleichen lohnt sich nicht mit eigenen Transportern. Mit den üblichen PKW-Anhängern können allenfalls kleine Mengen mit einem Gewicht bis maximal 500 kg befördert werden - je nach Typ, Größe und Zugfahrzeug. In der Regel werden solche Baustoffe per LKW mit Kipper geliefert. Die Baustoffhändler in der Region teilen die Kosten pro Kubikmeter Material plus Lieferkosten auf Anfrage mit. Damit die Transportkosten im Rahmen bleiben, kann es lohnend sein, die Ladekapazität des Fahrzeugs voll auszuschöpfen. Für das Material muss ein gut erreichbarer Lagerplatz geschaffen werden.

Hangabsicherung - Bauvorschriften beachten

Kleinere Trockenmauern auf Hanggrundstücken sind in der Regel genehmigungsfrei. Es mag dennoch ratsam sein, sich beim zuständigen Bauamt zu erkundigen, zumal in den Bundesländern und in den Ortschaften verschiedene Baubestimmungen gültig sind.

Eine größere Stützmauer oder -wand ist ein Bauobjekt, für das eine Baugenehmigung erforderlich ist, denn es muss sichergestellt sein, dass die Mauer oder Wand dem Erddruck standhält. Meist sind die Vorschriften für die Hangabsicherung bereits aus dem Bebauungsplan ersichtlich, zumal die Gemeinde- oder Stadtverwaltung bestimmte Richtlinien vorgibt. In vielen von der Gemeinde oder Stadt erschlossenen Siedlungen gibt es auch einige Vorschriften bezüglich der Bepflanzung. Dennoch lassen sich im Rahmen der Vorschriften immer auch eigene Gestaltungswünsche realisieren. Es lohnt sich bei größeren Gestaltungsaufgaben, vor der Beauftragung einer Gartenbaufirma zunächst Kostenvoranschläge oder Voranfragen einzuholen, zumal umfangreiche Erdarbeiten am Hang einschließlich der Hangabstützung und Terrassierung ernorme Kosten verursachen können.

Die Gestaltungswünsche sollten bereits beim Hausbau berücksichtigt und mit dem Architekten oder mit der Firma besprochen werden, die für den Erdaushub zuständig ist. Vor allem großangelegte Trockenmauern oder Stützwände aus Beton müssen detailliert geplant und sorgfältig ausgeführt werden, damit es später

3.12
Hier im Schmuckhof des Botanischen Gartens München haben Blaukissen und Steinkraut eine Trockenmauer völlig überwuchert. Zur Blütezeit im Frühjahr bilden die Polsterstauden einen farbigen Hintergrund zu den Blumenrabatten.

3.13
Landgewinnung durch eine Trockenmauer. Hier wurde ein schmales Gartengrundstück mit kleinen Gewächshäusern bebaut. Die Blockstufen sind selbstgefertigt und zwar mit Hilfe einer Holzschalung und gefärbtem Beton.

keine Probleme durch Erosion oder Erdrutsch gibt.
Tipp: Beim Bau oder Erwerb eines Hauses in einer bereits bebauten Siedlung ist vor der Neuanlage des Gartens ein Blick über den Zaun zu empfehlen. Immerhin hatten oder haben die Nachbarn mit den selben Schwierigkeiten der Hanglage zu kämpfen. Oft sind nachahmenswerte Gestaltungsbeispiele zu sehen. Mit Sicherheit sind von den Anliegern auch wertvolle Informationen zu bekommen. Sie wissen beispielsweise, wie der Untergrund beschaffen ist (das Bodenprofil ist beim Erdaushub erkennbar). Auch die vorhandene Vegetation kann einen Hinweis auf die Bodenbeschaffenheit geben. Kümmerliche Bäume sind ein Zeichen für eine karge Wachstumsgrundlage.

3.14
Hier wurde eine Böschung mit steingefüllten Gabionen abgestützt.
Foto: C. Lorenz-Ladener

3.15
Trockenmauer aus Bruchsteinen auf 2 Ebenen

Naturstein statt Holz

Trockenmauern aus Naturstein werden seit Urzeiten zur Hangabstützung eingesetzt. Natursteine sind nicht nur langlebig, sondern auch ökologisch gesehen der beste Baustoff für eine Hangbefestigung. Sie fügen sich zudem in jeden naturnahen Garten harmonisch ein. Außerdem sind sie wetterfest und verrotten nicht - anders als Holzpalisaden, die in Gärten meist zwar auch gut wirken, die sich aber selbst mit hochgiftigen Imprägniermitteln nicht vor Fäulnis schützen lassen. Die kritische Stelle bei Holzwänden zur Hangabstützung ist der Übergang zwischen Holz und Boden, denn dort sind die Bodenlebewesen aktiv. Mikroorganismen, Pilze und dergleichen tragen hier vermehrt zur Verrottung bei. Auch eine Folie auf der erdangefüllten Seite kann nicht dauerhaft verhindern, dass die Hölzer faulen. Holzwände zur Hangabstützung sind deshalb nur zu empfehlen, wenn sie für eine beschränkte Zeit vorgesehen sind, z.B. bis die Bepflanzung dicht und gut im Hang verankert ist und keine zusätzliche Befestigung mehr erforderlich ist.
Bei der Hangbefestigung mit Natursteinen kommen vorzugsweise behauene Brocken zum Einsatz, die gut zu massiven Wänden aufzubauen sind. Gestein aus der Region passt am besten und ist normalerweise auch preiswert aus einem Steinbruch oder im Baustoffhandel erhältlich (Kosten etwa ab 30 Euro pro Tonne plus Fracht).

Wird die Wand als Trockenmauer, also ohne Mörtel, aufgebaut, ist üblicherweise kein Betonfundament notwendig. Die Steine müssen aber fachgerecht und stabil aufgeschichtet werden und zwar so, dass die Mauer sich etwas zum Hang hin neigt (siehe das Baubeispiel S. 79 ff.). Die Zwischenräume werden mit Erde verfüllt, die ausgewählten Stauden (z.B. Mauerpfeffer, Hauswurz, Polsterphlox) und Gehölzen (z.B. Salbei, Latschen, Felsenmispeln) zum Einwurzeln dient. Die Pflanzen festigen das Mauerwerk zusätzlich. Auf der Mauerkrone können Beete z.B. für Kräuter oder andere Nutzpflanzen angelegt werden.

Betonformteile und Mauern

Im Baustoffhandel sind Betonformteile erhältlich, die sich zur Hangbefestigung eignen. Das können spezielle Winkelformteile sein oder auch Betonringe, die sich aufeinander setzen lassen. Dies ist allerdings nur mit Maschinen möglich, zumal die Betonteile ein enormes Gewicht haben. Sie sitzen dann aber unverrückbar und stützen den Hang sicher ab. Auch die Betonstützwände können bepflanzt werden. Das kann von unten mit selbstklimmenden Kletterpflanzen (z.B. Efeu, Selbstklimmerwein) geschehen oder von oben mit Felsenmispeln, die den Beton nach und nach mit einem grünen Teppich überziehen.
Formteile werden Stück für Stück in den Boden eingesenkt und bis zur gewünschten Höhe aufgebaut. Betonwände oder Mauern aus Ziegeln oder Betonsteinen müssen in frostfreier Tiefe (80 bis 100 cm, je nach Gegend) gegründet werden. Dazu gräbt man dem Hang entlang einen schmalen, etwa 80 cm tiefen Graben aus und füllt Beton ein. Nach dem Aushärten dieses Streifenfundaments kann die Mauer aufgebaut werden. Um eine Betonwand zu erstellen, ist eine provisorische Schalung aus Holz oder Metall nötig. Beton wird in diese Schalung gefüllt, Baustahlstäbe, die mit einbetoniert werden, dienen zur Bewehrung.
Betonstützmauern und Betonformteile sind allerdings immer nur die zweitbeste Lösung im naturnahen Garten: Sie werden sich nie so ästhetisch einpassen lassen, wie dies mit Natursteinen möglich ist.

3.16
Das Aufschichten großer Bruchsteine ist zwar sehr mühsam, die dadurch entstehenden Ebenen lassen sich aber leichter pflegen als ein Hang. Außerdem bieten sich die Fugen zum Bepflanzen an.

3.17
Mit solchen handbehauenen Kalksteinen können steile Mauern aufbaut werden. Damit sind auch geschwungene Formen mit kleinen Radien in Handarbeit herstellbar.

Baubeispiel: Hangbefestigung mit kleinen Trockenmauern

1
Dieses Grundstück wird an einer Seite von einer hohen Betonmauer begrenzt. Es soll zur Straßenseite hin mit Pflanzen abgeschirmt werden. Dazu muss die steile Böschung mit einer kleinen Trockenmauer abgefangen werden. Nach dem Abgraben erfolgt das waagerechte Einrichten der Sohle.

2
Die Kalksteine erhalten einen Unterbau aus Schotter. Zum Verdichten ist ein Handstampfer ausreichend. Nach den Erdarbeiten und der Anlage eines Rollrasens liegt das Fundament in frostbeständiger Tiefe.

3
Zum Verfugen des Mauerwerks ist die vorhandene Erde gut genug. Der lehmige Boden lässt sich gut verteilen, festigt die Steine und bleibt an Ort und Stelle (anders als z.B. sandiger Boden). Die Steine werden leicht versetzt zum Hang hin aufgeschichtet.

4
Mittlerweile wird das Grundstück für den Rollrasen vorbereitet. Für die Steine im Boden gibt es an anderer Stelle eine Verwertungsmöglichkeit.

5
Nach der Bepflanzung sieht diese Hangseite doch freundlicher aus als die kalte Betonwand. Es dauert einige Zeit, bis Kirschlorbeer, Strauchrose, Perückenstrauch, Hibiskus und Säulenwacholder einen Sichtschutz bieten. Lavendel, Bodendeckerrosen, sowie Gräser und Stauden festigen das Erdreich.

6
Der Garten nach der Anlage mit Rollrasen und Kiesweg. Der Hang wurde noch mit Rindenmulch abgedeckt, um die Erde vor Auswaschung zu schützen.

Baubeispiel: Hang zum Souterrain

1
Die großen Bruchsteine sind kaum noch von Hand zu transportieren. Für den Einbau wird ein Minibagger benötigt.

2
Ein geübter Baggerführer setzt die Steine an ihren vorgesehenen Standort. Besonders hier am Lichtschacht ist Vorsicht geboten, damit die Fenster nicht beschädigt werden.

3
Kleine Korrekturen sind in Handarbeit durchführbar. Von Hand erfolgt später auch die Verteilung von Erde und die Bepflanzung der Fugen.

4
Einige Jahre nach der Bepflanzung haben die Polsterstauden einen dichten Teppich gebildet.

Treppen am Hang

Auch in kleineren Hanggärten sind Treppen ein prägendes Gestaltungselement, das sich harmonisch in die Gartenlandschaft einpassen sollte. Während bei Häusern die Treppen exakt nach den vorgegebenen Geschosshöhen zu berechnen und zu bauen sind, gibt es im Hangarten bezüglich der Anzahl der Stufen und ihrer Höhe mehr Toleranz. Die Anzahl und Höhe der Treppenstufen lassen sich dem Gelände anpassen, zumal die Ebenen nie genau waagerecht sind. Ist die Neigung des Hanges für eine Treppe z.B. zu steil, können der untere und/oder obere Treppenantritt verlagert werden, indem der Hang abgegraben und flacher geformt wird. Dadurch verringert sich entsprechend auch die Neigung der Treppe im Gelände. Ein solcher Eingriff ist immer möglich, wenn keine vorgegegeben Ebenen erreichbar gemacht werden müssen. Sind die obere und untere Anschlussebene für die Treppe aber festgelegt, z.B. wenn von einem Weg aus eine höherliegende Terrasse erreicht werden soll, muss anders vorgegangen werden. Zwar sollen in der Regel Gartenwege und auch Treppen die kürzesten Verbindungen zwischen zwei Punkten bzw. Plätzen herstellen, bei einem steilen Hang ist es jedoch sinnvoller, die Treppe zu „strecken". Die Stufen werden also nicht geradewegs nach oben bzw. nach unten geführt, sondern schräg in den Hang gebaut, um den Steigungswinkel der Treppe zu verringern. Treppen lassen sich generell

3.18
Der Bau massiver Mauern aus Kalksteinquadern ist nur mit Maschinen möglich.

3.19
Bruchsteine mit unregelmäßigen Formen werden Stück für Stück ausgesucht und so gedreht, dass sie sich gut in die Mauer einfügen. Das ist nur von Hand möglich.

3.20
Wesentlich einfacher als mit Bruchsteinen können Trockenmauern mit solchen flachen Platten gebaut werden.

3.21
Granitsteine sind anders als Kalksteine frostbeständig. Natursteine fügen sich in jedem Fall ansehnlicher in den Garten ein als z.B. Formsteine aus Beton.

nicht schematisch planen, sondern müssen der Hangneigung und Situation angepasst werden.
Baustoffe: Beim Bau von Gartentreppen ist auf wetterfeste Materialien zu achten, Natursteine oder Beton sind die am häufigsten benutzten Baustoffe. Die Stufen, d.h. die Auftrittsflächen müssen trittsicher sein, d.h. eine raue, rutschhemmende Oberfläche haben.
Blockstufen: Am einfachsten lassen sich Steinquader oder Betonsockel als sogenannte Blockstufen zu einer massiven und haltbaren Treppe im Garten zusammenfügen. Während Blockstufen auf lockerem, aufgeschütteten Boden ein Betonfundament in frostfreier Tiefe (80 - 100 cm) benötigen, ist dies auf „gewachsenem" Boden gewöhnlich nicht erforderlich. Hier reicht als Unterbau eine ca. 30 cm dicke Schotterlage oder weniger (im durchlässigen Sand- und Kiesboden). Denn Blockstufen sind schwer - sie wiegen üblicherweise zwischen 100 kg und 130 kg - und sitzen aufgrund ihres Eigengewichtes deshalb fest auf dem sorgfältig zu verdichtenden Unterbau.
Die einzelnen Fertigstufen werden aufeinander gelegt. Man beginnt bei der untersten Stufe und baut die Treppe dann nach oben auf, indem eine Stufe nach der anderen gelegt wird, wobei die obere Stufe jeweils ein Stück auf der unteren aufliegt (Baubeispiel Seite 79 ff.). Die Anzahl an Einzelstufen errechnet sich wie nachfolgend beschrieben aus der Gesamttiefe und Gesamthöhe. Blockstufen für Gartentreppen lassen sich übrigens auch selbst aus Beton gießen.

Die Treppe berechnen

Um die Treppenhöhe und die Anzahl der Stufen ermitteln zu können, muss als erstes die Geländeneigung ermittelt werden. Die Böschungshöhe wird vertikal und horizontal gemessen. Sie lässt sich bei kleinerer Entfernung zwischen den beiden zu überbrückenden Ebenen mit Hilfe eines Maßstabs und einer Richtlatte oder Richtschnur feststellen: Der Maßstab wird am Stufenantritt unten senkrecht in den Boden gesteckt. Dann führt man eine Richtlatte oder Richtschnur vom Maßstab aus genau waagerecht zur obersten Stelle am Hang. Der Abstand zwischen dem Maßstab und dem obersten Punkt der Treppe zeigt die Gesamttiefe an. Die zu überwindende Gesamthöhe lässt sich am Maßstab abmessen, also an der Höhe zwischen dem Fußpunkt und dem Anschlag der Richtlatte oder Richtschnur. Die Tiefe des Hanges entspricht der Länge der waagerechten Richtlatte. Daraus kann dann die Stufenanzahl errechnet werden.
Als Orientierungshilfe beim Treppenbau im Garten ist eine Formel nützlich, die allgemein im Treppenbau Gültigkeit hat. Ihr liegt die Schrittlänge eines Erwachsenen von etwa 67 cm zugrunde: Die doppelte Steighöhe plus Auftrittstiefe sollte die Schrittlänge ergeben (Stufenhöhe x 2 + Stufentiefe = 67 cm). Früher galt ein Durchschnittslängenmaß von 63 cm. Mittlerweile wurde die Schrittlänge auf 67 cm korrigiert, da die Menschen größer sind als zu der Zeit, als diese Formel entstand.
Wichtig ist, dass jede Stufe die gleiche Höhe hat, denn eine oder mehrere uneinheitliche Stufen sind unweigerlich Stolperfallen.Bei einer Stufenhöhe von 18 cm und einer Tiefe (Auftrittsbreite) von 30 cm ergibt sich ein Maß von 66 cm, was für Treppen recht üblich ist. Nun ist es aber so, dass wir uns im Garten meist

lockerer bewegen möchten als im Haus und so empfiehlt es sich, falls möglich, Stufenhöhen unter 18 cm zu wählen. Bei einer Stufenhöhe von beispielsweise 15 cm kommt bei Beachtung der Stufenformel eine Stufentiefe von 37 cm zustande (2 x 15 + 37 = 67). Diese Stufenhöhe- und Tiefe ermöglicht ein sehr angenehmes Treppensteigen.

Das Stufenmaß steht natürlich auch in Bezug zur Gesamthöhe der Treppe. Um einen Höhenunterschied z.B. von 1,50 m zu überwinden, sind 10 Stufen mit je 15 cm Höhe zu bauen. Wird die Treppenformel eingehalten, beträgt die Stufentiefe jeweils etwa 37 cm (2 x 15 cm + 37 cm = 67 cm), d.h. die Länge dieser Treppe würde eine Gesamttiefe von 3,70 m benötigen (10 x 37 cm).

Aus der Treppenformel ergibt sich weiterhin, dass die Stufentiefe (der Auftritt) umso geringer wird, je höher die Stufe ist.

Je flacher die Neigung eines Hanges ist, desto geringer kann auch die Stufenhöhe sein. Bei einer Hanghöhe von 1 m und einer Tiefe von 3 m z.B. ergeben sich bei einer Stufenhöhe von 12,5 cm und einer Stufentiefe von 37,5 cm insgesamt 8 Stufen (100 cm : 8 = 12,5 cm und 300 cm : 8 = 37,5 cm). Werden mehr oder weniger Stufen erwünscht, ändern sich die Maße entsprechend.

Treppen sollten nicht zu schmal gebaut werden, das wirkt optisch oft kleinlich, besonders, wenn im Garten großzügig Platz zur Verfügung steht. Wer keine breite Treppe bauen möchte, kann unterschiedlich breite Stufen so anordnen, dass sich ein seitlicher Versatz ergibt. Dadurch wird die Treppe optisch reduziert und wirkt aufgelockerter.

Baubeispiel: Hangbefestigung für eine Terrasse

1
Hier ruhen die Baustoffe für einen Steingarten vor der Haustüre im Boden. Die Kalksteine können beim Aushub der Baugrube im Nachbargrundstück kostenlos geholt werden.

2
Die großen unregelmäßigen Brocken erfordern jedoch viel Körpereinsatz. Der Transport ist gerade noch mit einer Schubkarre möglich.

3
Für den Aufbau des Mauerwerks am kleinen Hang ist kein Fundament erforderlich. Die Steine werden einfach auf die aufgeschüttete Erde gelegt.

4
Durch das Hinterfüllen mit Erde und Festtreten erhalten die Steine ausreichenden Halt. Die Erde bietet zudem optimale Wachstumsbedingungen für die Pflanzen.

5

6

5
Einige Treppenstufen werden aus ausgewählten kantigen Brocken auf dem Erdboden aufgeschichtet. Dabei ist wichtig, auf ein günstiges Schrittmaß zu achten.

6
Jede Stufe sollte die gleiche Höhe und Tiefe haben. Beim Nachmessen zeigt es sich, ob die Stufen passen, sonst sind durch Unterfüllen oder Versetzen Änderungen möglich.

7
Jede Stufe liegt am Rand ein Stück weit auf der jeweils unteren Stufe auf. Dadurch erhält die Treppe die nötige Festigkeit.

8
Jeweils nach dem Setzen einer weiteren Stufe wird geprüft, ob das Schrittmaß noch günstig ist. Stolperfallen sind zu vermeiden.

9
Nach dem Bau der Treppenstufen geht es mit dem Steingarten weiter voran. Zum Setzen der Steine genügen kleine Mulden im Hang.

10
Die Form des Hangbeetes kann frei gewählt und während der Fertigstellung noch verändert werden. Wichtig ist nur, dass sich der Steingarten gut in das Gelände einfügt.

7

8

9

10

11

12

11
Alle Steine müssen fest im Boden sitzen und gut verkeilt sein. Daher bleibt Drehen und Wenden nicht erspart, bis jeder Stein sitzt.

12
Hier soll eine Strauchrose neben Stauden, Salbei und Lavendel das Beet beherrschen. Die ´Westerland`-Containerpflanze wächst nach dem Austopfen und Einsetzen zügig an.

13
Das Angießen, am besten in eine vorher geformte Gießmulde, fördert das Anwachsen der Pflanzen.

14
Rose ´Westerland` hat sich wenige Jahre nach der Pflanzung gut entwickelt und auch die Salbeibüsche blühen auf. Der Lavendel steht kurz vor der Blüte. Der Platz bekommt den Pflanzen gut. Auch mehrere Winter hat der Steingarten schon unbeschadet überstanden.

15
Rosenblüten, Lavendel, Salbei ... Die Bepflanzung bietet immer Feines zum Schnuppern!

16
Einige Zeit später: Zum Steingarten ist ein Rosenspalier am Haus dazugekommen. Die Bepflanzung bietet nun guten sommerlichen Sichtschutz für den Sitzplatz auf der Terrasse.

13

14

15

16

Baubeispiel: Terrasse mit Trockenmauer

1

2

3

1
Hier soll der Hang vor der Terrasse zum Beet mit einer Trockenmauereinfassung aus Kalksteinen umgestaltet werden. Die erste Steinreihe wird in in einen flach ausgehobenen Graben gesetzt.

2
Im Vorfeld wurde bereits ein Teichbecken in den Boden eingelassen. Die Kiesfüllung dient als Sicherung für die kleinen Kindern.

3
Die Bruchsteine hat der Spediteur am Eingang abgekippt. Die Baustelle liegt direkt dahinter, so dass die Steine nicht weit transportiert werden müssen.

4

4
Die erste Steinreihe ist gesetzt. Als Material zum Verfugen und Hinterfüllen dient zunächst die lose Aushuberde vom Teichbau und vom Erdaushub für die Trockenmauer.

5
Für den Bau der Treppe werden große flache Steine aussortiert. Die Blockstufen benötigen keinen Unterbau. Wichtig ist, dass die Steine „in der Flucht" liegen, d.h. gleichmäßig hintereinander.

6
Für das weitere Verfugen und zum Hinterfüllen wurde bei einer Spedition eine Fuhre Humus bestellt. Er wird mit der Schubkarre zur Baustelle gefahren, abgekippt und festgetreten.

5

6

7
Die Treppe ist fertig und gut begehbar. Auch ein Teil der Trockenmauer ist geschafft.

8
Für übrig gebliebene Steine gibt es andere Nutzungsmöglichkeiten im Garten. Hier wurde z.B. ein großer Quader zusammen mit zwei kleinen Steinen für ein Sitzbänkchen am Teich genutzt.

9
Nach der Bepflanzung im Frühjahr wachsen die Stauden zügig an und bringen bald üppige Büsche hervor. Auf der unteren Ebene wurde Rasen angesät.

10
Die Trockenmauer gliedert den Garten in zwei Ebenen. Im Staudenbeet an der Terrasse blühen Pflanzen die ganze Saison hindurch, in der Mauer selbst breiten sich mit der Zeit Polsterstauden aus.

11
Die Treppe kürzt den Weg zum Garten hinter dem Haus ab. Zudem wirkt sie als dekoratives Gestaltungselement.

12
Das Staudenbeet hat sich wenige Jahre nach der Anlage üppig entwickelt. Neben Sommerblumen haben sich auch Kräuter für die Küche angesiedelt. Zudem wirkt das Beet als Sichtschutz.

Baubeispiel: Natursteine ersetzen Holzpalisaden

1
Holz ist kein sehr langlebiger Gartenbaustoff. Wenn es direktem Bodenkontakt ausgesetzt ist, hilft auch eine Imprägnierung wenig.

2
Die morsche Holzstützwand am Hang ist nun ausgebaut. Sie soll durch ein für diese Situation besseres Trockenmauerwerk aus Natursteinen ersetzt werden.

3
Wegen seiner Imprägnierung eignet sich das Holz leider nicht zum Verheizen in einem Hausofen. Es muss deshalb in der regionalen Müllverbrennungsanlage landen.

4
Für die Trockenmauer wird zunächst ein schmaler Graben ausgehoben. Die Aushuberde lässt sich später wieder zum Auffüllen der Hochbeetflächen nutzen.

5
Als Unterbau für die Natursteine dient ein Schotterbett. Die groben Steine werden nach der Anlieferung vom Steinbruch in den Graben gekippt und verteilt.

6
Nach dem Verdichten des Grobschotters erfolgt der Bau der Kalksteinmauer. Durch das Legen im Verband ergibt sich ein stabiles Mauerwerk.

7
Steine, die nicht glatt aufliegen, lassen sich durch das Einkeilen passender Schottersteine stabilisieren. Diese werden mit dem Hammer fest zwischen die Fugen eingekeilt.

8
Zusätzliche Festigkeit erhält das Mauerwerk durch das Hinterfüllen mit Schotter. Die wasserdurchlässige Steinschicht wirkt auch als Drainage, das Sickerwasser vom Hang wird dadurch in den Boden abgeleitet.

9
Durch das Unterlegen oder Einkeilen von Schottersteinen bekommen die Bruchsteine eine kleine Neigung zum Hang hin, was zur Stabilität der Mauer beiträgt.

10
Das Verdichten mit dem Vorschlaghammer festigt die Schotterschicht. Die kantigen Steine verkeilen sich gut, sie müssen hier bei dieser kleinen Mauer nicht maschinell verdichtet werden.

11
Die Trockenmauer aus Kalksteinen dient zur Hangsicherung und als Beeteinfassung. Zum Bepflanzen wird die Aushuberde wieder hinterfüllt.

12
Die Mauer wächst: Nun ist zum Hinterfüllen Grobsplitt besser geeignet, da die Steinchen auch in schmale Zwischenräume rieseln.

13
Für das Fundament der zweiten, nach hinten versetzten Mauer muss wieder Erde ausgekoffert werden. Die Erde lässt sich vorne zum Hinterfüllen der bereits fertigen Mauer nutzen.

14
Im wasserführenden Steilhang ist eine wirksame Drainage hinter der zweiten Mauer nötig. Das Drainagerohr wird in Grobsplitt verlegt. Das Verschlämmen verhindern Vliesbahnen.

15
Auch die zweite Mauer erhält eine leichte Neigung zum Hang hin. Zwischen den beiden Mauern entsteht ein Pflanzenbeet.

16
Die Zufahrt zur Baustelle ist hier nur per Schubkarre möglich. Insgesamt müssen mehrere Tonnen Steine transportiert und verbaut werden.

17
Das Drainagerohr liegt mit geringem Gefälle im Splitt. Es wird einem schon bestehenden Sickerschacht zugeführt. Die beiden Mauern stützen den Steilhang sicher ab.

18
Nun werden beide Mauern weiter gebaut und mit Splitt hinterfüllt. Das Drainagerohr ist bereits in der Splittschüttung versenkt. Es hält dem Druck sicher stand.

19
Das Kunstfaservlies (Geotextil) ist verrottungsfest. Es soll verhindern, dass feste Partikel (Erde, Sand etc.) in das Drainagerohr eingeschwemmt werden. Der Einbau eines gewöhnlichen Teichvlieses wäre auch möglich gewesen.

20
Die Pflastersteine für den Gartenweg werden passend zugeschnitten. Bei allen Arbeiten, insbesondere mit elektrischen Werkzeugen, ist Schutzkleidung zu tragen.

20

21
Damit die Pflastersteine exakt in die Lücken passen, wird jeder Stein mit der Trennscheibe nach Maß zugeschnitten. Ein Bleistiftstrich gibt die Schnittführung vor.

22
Die beim Zuschneiden der Pflastersteine übrigen Abschnitte können für Lücken in der Trockenmauer benutzt werden. Die Fugen zwischen Pflaster und Trockenmauer werden mit Splitt bzw. Quarzsand verfüllt.

23
Nun wird mit umgesetztem Lavendel sowie zugekauften Stauden bepflanzt. Damit das Sichtmauerwerk nicht überwuchert wird, werden nur niedrige Arten eingesetzt.

24
Die Obstbäume blieben von den Umbauarbeiten verschont, ihr Wurzelwerk wurde nicht verletzt.

25
Das ursprünglich elfenbeinfarbene Mauerwerk hat sich wenige Wochen nach dem Einbau farblich schon etwas verändert. Es sieht nun nicht mehr so auffällig aus.

19

22

21

23

24

25

Baubeispiel: Rosen- und Staudenhang mit Trockenmauer

1
In diesem Hanggarten werden 3 Ebenen geschaffen: Unten entsteht ein Gemüsegarten, daneben eine Blumenwiese. Für die Böschung ist ein Steingarten mit Stauden vorgesehen. Auf der mittleren Ebene soll ein Spielrasen mit Spielhaus entstehen. Die Böschung oben bereitet der Bagger für einen Rosenhang vor.

2
Am Haus werden große Kalksteinquader zu einer hohen Trockenmauer aufgeschichtet. Sie stützt den Hang neben dem Sitzplatz im Kellergeschoss ab.

3
Die Fugen zwischen den großen Natursteinquadern sind mit Erde gefüllt und mit Erdbeeren bepflanzt. Die Pflanzen breiten sich mit Ausläufern - sogenannten Kindeln – im Mauerwerk aus.

4
Gartenerde: Der steinige Boden lässt sich schlecht bewirtschaften. Deshalb ist die Anlieferung von Humus nötig.

5
Auf einem angeschütteten Erdhügel an der Grundstücksgrenze werden Ziersträucher mit Obstgehölzen gepflanzt. Sie wachsen hier leichter an als auf dem steinigen Boden und bieten bald einen Sichtschutz.

6
Die Gründüngersaat am Hang ist gleichmäßig aufgegangen. Der Gelbsenf schützt den Boden vor Erosion.

Rechte Seite, oben links
7
Im Pflanzstreifen an der Grenze ist noch Platz für Blütenstauden. Eine dicke Rindenmulchschicht hält den Boden feucht, schützt ihn vor Auswaschung bei Starkregen und hält Wildkräuter zurück.

7

8

9

8
Ein Bewässerungssystem erleichtert die Pflege. Die Verteilerdosen und Leitungen werden dazu bereits vor der Rasenanlage in den Boden eingesenkt.

9
Das Verlegen der Leitungen und das Setzen der Verteilerdosen erfolgt nach Plan. Es richtet sich nach den Pflanzungen, Beeten und Rasenflächen.

10
Einsaat des Rasens: Eine Motorfräse macht den Boden krümelig. Das Fräsen erfolgt vor der Rasensaat hier mit einem leistungsfähigen, aber wendigen Einachser.

11
Eine Rasenbaumaschine erledigt das Vorwalzen, Säen, Igeln und Nachwalzen in einem Arbeitsgang. Die Einsaat des Rasens ist natürlich auch mit Handgeräten durchführbar.

12
Die Rasenflächen können nach der Anlage zunächst trocken liegen. Werden die Samen jedoch einmal angefeuchtet, muss regelmäßig gegossen werden.

13
Zunächst wird die Bewässerungsanlage weiter ausgebaut und angeschlossen. Hier am Hang sind Verteilerdosen für Perlschläuche vorgesehen.

10

11

12

13

14
Durch die regelmäßige Beregnung ist das Gras 14 Tage nach der Aussaat gleichmäßig aufgegangen. Am Hang blüht die Gelbsenf-Gründüngung.

15
Für den Steingarten werden Bruchsteine geholt. Dafür stellt der Baggerbetreiber seinen Pritschenwagen zur Verfügung.

16
Der Steingarten dient zur Hangabsicherung. Dazu werden die Steine lose auf dem Boden verteilt, mit Erde verfugt und mit Fetthennen und Polsterstauden bepflanzt, die in diesem trockenen Lebensraum gut zurechtkommen.

17
Der Grundriss der unteren Böschung gibt die Form und verfügbare Fläche für die Bepflanzung vor. Das Stauden-Sortiment wurde nach Farben und Größen ausgewählt.

18
Die Stauden werden dem Plan entsprechend beschafft und auf der Böschung ausgelegt. Die Gründünger-Pflanzen wurden schon im Herbst des Vorjahres abgemäht.

19
Trittsteine in der Böschung erleichtern die Pflanzung und Pflege. Auch hier ist beim Einsenken in den Boden auf ein günstiges Schrittmaß zu achten.

21

22

23

20
In der oberen Böschung wurden im Herbst Rosen gepflanzt, im Frühjahr kommen Kräuter als Begleitpflanzen dazu. Im Staudenhang erleichtert das Bedecken des Bodens die Pflege. Der Rindenmulch verrottet mit der Zeit und führt dem Boden Humus zu.

21
Ein Perlschlauch dient bei anhaltender Trockenheit zur Bewässerung des Rosenhangs. Das Wasser quillt aus feinen Poren und dringt in den Boden ein.

22
Der Schlauch wird so ausgelegt, dass alle Pflanzen Wasser abbekommen. Der Anschluss erfolgt oben an einer Verteilerdose.

23
Die Steuerung der Bewässerungsanlage ist in einem selbstgebauten Kasten untergebracht. Das Wasser kommt aus einer Zisterne und läuft durch die Schläuche zu den Verteilern an den Bedarfsstellen.

24
Auf dem Hügel entlang der Grenze sind die Gehölze und Stauden gut angewachsen. Hier blühen gerade der Rittersporn und Lupinen.

25
Im Sommer haben sich die Stauden üppig entwickelt. Sie blühen je nach Art zu bestimmten Zeiten und in verschiedenen Farben.

26
Auch auf dem Rosenhang grünt und blüht es. Die vorwiegend duftenden Edelrosen haben sich üppig entwickelt und die Kräuter sind gut angewachsen.

24

25

26

27
Eine Hanglage ist praktisch zum Aufstellen einer Rutsche. Der Klettersteig wurde aus Douglasienbrettern gebaut.

28 Treppe am Rosenhang: Die Steinblöcke wurden als Stellstufen eingebaut.

29
Das vom Baggerführer geliehene Nivelliergerät ist beim Bau der Gartentreppe hilfreich. Damit lässt sich die Lage der ersten Stufe ausmessen und die Anzahl an Stufen ermitteln.

30
Die Natursteinblöcke für die Treppen in den Böschungen stammen von einer Straßenrenovierung. Die massiven Randsteine aus Granit sind frostbeständig.

31
Jede Stellstufe wird hochkant auf ein Schotterbett gesetzt. Der Abstand zur ersten Stufe richtet sich nach der gewünschten bzw. berechneten Stufentiefe.

32
Die Stellstufen müssen waagerecht sitzen. Kleine Korrekturen sind noch durch das Festklopfen mit dem Gummihammer möglich.

33
Nach dem Einfüttern von Splitt hinter den Stufen kann Erde aufgetragen werden. Der Splitt bietet einen festen Auftritt. Die Erde dient als Wurzelraum für das Gras.

34
Die Treppen sind nach dem Austrieb der Gräser angenehm barfuß begehbar und durch die rauen Granitstufen trittsicher.

Baubeispiel: Hochbeete am Hang

1

2

1
Die einfache Handzeichnung zeigt anschaulich, wie der Hang mit Hochbeeten wirken wird. Anhand der Skizze kann dann, falls erforderlich, ein detaillierter Plan angefertigt werden.

2
In der Grundriss-Skizze werden die Ausmaße im Größenvergleich zum Haus sichtbar. Außer den Hochbeeten sind weitere Gestaltungselemente sowie Pflanzgruppen eingezeichnet.

3
Die kahle Rasenböschung soll umgestaltet werden. Zunächst ist es nötig, u.a. für die Materialberechnung, Höhe und Tiefe der Böschung auszumessen, hier mit einer einfachen Holzschablone.

4
Die Holzlatten werden waagerecht und senkrecht eingerichtet. Der Fußpunkt kann von der Böschung weg verlagert werden, wenn z.B. eine flachere Treppenneigung gewünscht ist.

5
Der Bagger hat hier schon zwei Gräben für die Streifenfundamente ausgehoben. Die Lage des unteren Fundamentes muss noch mit dem Nivelliergerät eingemessen werden.

6
Nachdem alle Gruben bis zur erforderlichen frostsicheren Tiefe ausgebaggert sind, wird auch die untere Ebene noch abgegraben und waagerecht planiert. Auch dabei hilft das Nivelliergerät.

3

4

5

6

7
Die beiden Treppen müssen ebenfalls in frostbeständiger Tiefe gegründet sein. Dazu werden am Hang zwei Gräben ausgehoben. Auf dem felsenfreien Lehmboden ist das für den Baggerführer ohne Schwierigkeiten zu schaffen.

8
Hier wird Schotter in die Gräben gefüllt. Der Schotter verhindert aufsteigende Bodenfeuchtigkeit. Mit dem Nivelliergerät wird die Höhe der Schichtdikke festgestellt.

9
Durch das maschinelle Verdichten erhalten die Fundamente die nötige Festigkeit. Auf Beton kann beim Trockenmauerbau verzichtet werden.

10
Die handbehauenen Bruchsteine stammen aus einem nahegelegenen Steinbruch. Die Gesteinsart sollte am besten nach der Bodenbeschaffenheit in der Region gewählt werden. In anderen Gegenden ist beispielsweise das hier verwendete Kalkgestein nicht typisch, sondern Granit.

11
Nun sind die Treppenstufen an die Reihe: Die Treppe wird aus Blockstufen gebaut, die aus dem gleichen Steinbruch stammen.

12
Die unterste Stufe wird waagerecht eingerichtet und mit Schotter hinterfüllt. Der Schotter verhindert aufsteigende Feuchtigkeit aus dem Boden und dient als Unterbau für die jeweils nächste Stufe.

13
Das Treppenmaß, d.h. Stufengröße, Hangsteigung und Treppenlänge, muss vorher genau berechnet werden. Eine großzügige Stufentiefe ist günstig, damit die Treppen angenehm begehbar sind.

14
Die Blockstufen aus diesem Naturstein haben keine exakt einheitliche Größe, wie dies z.B. bei Betonstufen der Fall ist. Sie müssen so in den Hang eingebaut werden, dass dennoch jeweils die gleiche Stufenbreite zustande kommt.

15
Scharfe Kanten sind Gefahrenstellen. Die Stufen werden entweder so gedreht, dass solche Unregelmäßigkeiten nicht mehr stören oder die Kanten werden mit dem Hammer gebrochen.

16
Nach dem Abgraben des gewachsenen Bodens wird die zweite Stufe mit Schotter hinterfüllt. Die kantigen Steine verkeilen sich beim Verdichten und bieten eine gute Basis für die nächste Stufe.

17
Der Bau der 2. Treppe beginnt bereits vor der Fertigstellung der ersten Treppe. Auch hier wird mit Schotter hinterfüllt, der nach dem Verdichten die nötige Festigkeit hat.

18
Nicht festsitzende Stufen lassen sich durch das Einkeilen von Schottersteinen stabilisieren. Eine feste Lage der Stufen ist sehr wichtig, damit es durch einen Fehler beim Bau der unteren Stufen nicht zum Dominoeffekt und Kippen der oberen Stufen kommt.

19
Wichtig ist auch eine exakt waagerechte Lage jeder einzelnen Stufe. Schief liegende Stufen sind gleichermaßen wie wacklige Stufen später Stolperfallen.

20
Die Richtlatte gibt das Maß in der Höhe vor. Je nach Gesamthöhe der Treppe und Höhe der einzelnen Stufen lässt sich die Anzahl der noch benötigten Stufen errechnen.

21
Gleichzeitig mit dem Bau der Stufen wurde auch mit dem Bau der ersten Trockenmauer begonnen, damit das Gesamtbauwerk von unten nach oben Form annehmen kann. Liegen die Steine niedriger als die Richtschnur, muss mit Schotter ausgeglichen werden.

22
Die Steine für die Trockenmauer sind kleiner als die Treppenstufen. Das erleichtert den Bau der Mauer. Dennoch ist die Mühe der Arbeit nicht zu unterschätzen.

23
Das Hinterfüllen mit Schotter in Bodennähe trägt wiederum zur Stabilisierung bei. Das wasserdurchlässige Material wirkt auch als Drainage. Der Einbau eines Drainagerohres und das Auskleiden mit Vlies ist hier nicht nötig.

24
Trockenmauer: Zwischen die Steinschichten wird Humus gefüllt, damit die Hochbeete möglichst viel Substrat bieten. Auch zwischen den Steinen wird mit Humus verfugt, hier sollen Kräuter wachsen.

25
Erde statt Mörtel – auf eine Lage Erd-Substrat folgt eine Reihe Steine. Die Steine werden leicht nach hinten versetzt, so dass sich das Mauerwerk zur besseren Stabilisierung zum Hang hin neigt.

26
Die Erde sollte richtig eingefüttert werden, damit alle Hohlräume gefüllt werden. Hier kommt ein selbstgefertigter Spatel zum Einsatz.

27
Wie bei jedem Mauerwerk sind auch beim Bau von Trockenmauern Kreuzfugen zu vermeiden. Die Steine werden im Verband aufgesetzt, das heißt, ein Stein der oberen Reihe überbrückt eine Fuge in der unteren Reihe.

28
Der Treppenbau geht weiter: Breite Steine müssen tiefer in den Hang gesetzt werden, damit jeweils die gleiche Stufenbreite zustande kommt.

29
Der Transport der Baustoffe wird mit zunehmender Höhe schwieriger. Insbesondere müssen die schweren Steine nach oben befördert werden. Das gelingt nur durch Wälzen der Steine.

30
Beim Verdichten des Schotters ist ein selbstgebauter Stampfer nützlich. Noch besser wäre ein motorbetriebener Vibrationsverdichter.

31
Die regelmäßige Überprüfung mit der Richtlatte zeigt, ob alle Steine in „der Flucht" liegen. Falls nötig, müssen hervorstehende Stufen nach innen oder zu tief liegende nach vorne gerückt werden.

32
Durch genaue Berechnung, nützliche Hilfskonstruktionen und sachgerechtes Arbeiten ist eine funktionale und ansehnliche Treppe entstanden. Einfacher ist der Bau mit Blockstufen, die ein einheitliches Format haben.

33
Natursteine fügen sich fast immer besser in den Garten ein als z.B. Betonformteile. Steine, die direkt von Steinbruch geliefert werden, sind meist auch preisgünstiger als solche vom Baustoffhandel.

34
Mittlerweile sind die Hochbeete aus Trockenmauern und die Treppen samt Einfassungen fertiggestellt. In die Beete wurde bereits Erde eingefüllt. Ein Wasserfass ermöglicht die Bewässerung.

35
Das Mauerwerk hat den ersten Winter unbeschadet überstanden. Noch im Vorjahr wurde die runde Einfassung gebaut, hier ist ein Kräuter-Hangbeet geplant.

36
Ein Geländer gibt Halt beim Auf- und Absteigen der Treppe. Jetzt steht das Befüllen des Kräuterbeetes an.

37
Im Beet sollen Küchenkräuter aus eigener Anzucht und aus der Gärtnerei gedeihen. Die Bepflanzung der frostempfindlichen Arten erfolgt erst Mitte Mai.

38
Im Frühsommer nach der Pflanzung haben sich Salate, Kohlrabi, Tomaten und andere Gemüse schon gut entwickelt. Der Mohn ist von selbst aufgegangen.

39
Das Regenfass aus Kunststoff wurde mit Granitsteinen eingefasst. Ein fest installiertes Gitter verhindert Stürze ins Wasser.

40
In Trockenzeiten können die Beete zusätzlich mit Wasser aus einer große Zisterne versorgt werden. Das Wasser wird dann per Schlauch verteilt.

41
Noch wirken die fast kahlen Trockenmauern auf zwei Ebenen recht wuchtig. Mit der Zeit werden die Mauern sich aber dekorativ bewachsen.

42
Ein Jahr später fügen sich die Trockenmauern schon viel harmonischer in das Landschaftsbild ein.

Baubeispiel: Gartenanlage mit Erdwall und Hochbeet

1
Auf diesem Hanggrundstück soll der vor einer Erdterrasse gelagerte Humushaufen zu einem breiten Hochbeet aufgeschüttet werden. Ein Bagger verteilt das Humusmaterial.

2
Das hochgelegte Plateau soll eine Trockenmauer abfangen. Die erste Steinreihe wird in einen flach ausgehobenen Graben gelegt.

3
Auf der südlichen Grundstücksgrenze sollen auf einem Erdwall Gehölze und Stauden wachsen.

4
Nach der Pflanzung müssen die Gehölze auf dem Erdwall tüchtig eingeschlämmt werden, damit die Wurzeln einen guten Bodenkontakt bekommen. Mittlerweile wurden die Steine für die Trockenmauer zur Baustelle gekarrt.

5
Das Abdecken mit Rindenmulch schützt die Erde vor Erosion und Auswaschung, zudem erhält die Mulchschicht die Bodenfeuchtigkeit und unterdrückt störenden Wildwuchs.

6
Nach dem Bau der Trockenmauer können die Polsterstauden und Kräuter in die Fugen gepflanzt werden. Auf dem Plateau wurde die Erde verteilt, planiert und mit einer Motorfräse gelockert.

7
Die Trockenmauer nimmt eine Menge Pflanzen auf. Die Topfpflanzen wurden verteilt, sie wachsen recht sicher an. Oben erfolgt das Planieren der gefrästen Erde mit dem Rechen.

8
Zum Einsetzen der Kräuter und Stauden sind ausreichend große Fugen vorhanden. Die Wurzelballen sollten nicht beschädigt werden.

9
Bis sich eine Gelegenheit zur Anlage des Gemüsegartens bietet, soll der Boden nicht brach liegen. Zum Schutz wird eine Gründüngermischung eingesät.

10
Das Fräsen des Bodens erleichtert auch das Planieren und Vorbereiten für die Rasensaat. Solche leistungsfähigen Motorgeräte sind bei Mietzentralen erhältlich.

11
Im Zuge des Planierens werden große Steine und Wurzelstücke abgesammelt. Bei Bedarf kann ein Bodenverbesserungsmittel mit dem Rechen eingearbeitet oder vorher schon eingefräst werden (z.B. Kompost oder Sand).

12
Der Rasensamen wird mit einem Düngewagen oder von Hand auf der vorbereiteten Fläche verteilt. Danach erfolgt das Einharken mit dem Rechen.

13
Die Walze drückt die Samen fest und sorgt für den nötigen Bodenschluss. Beim Walzen werden auch geringe Bodenunebenheiten sichtbar, die sich bei dieser Gelegenheit noch ein wenig ausgleichen lassen (danach Rasensamen nachsäen).

14
Ist kein Regen in Aussicht, braucht die Saat eine künstliche Beregnung. Nun ist es wichtig, regelmäßig zu bewässern.

15
Sowohl die Gründüngersaat, als auch die Rasengräser sind gut aufgegangen. Jetzt ist bald der erste Rasenschnitt fällig, was den Bewuchs verstärkt.

16
In der Gründüngermischung haben sich vor allem die Tagetes durchgesetzt. Von den Ringelblumen und anderen Arten ist wenig zu sehen.

17
Auch auf dem Erdwall grünt es nun üppig. Die Obstbäume in diesem Hügelbeet haben Stützen erhalten, da sie dem Westwind stark ausgesetzt sind.

18
In der Trockenmauer blühen die Stauden und Kräuter. Auf dem Plateau nimmt der Gemüsegarten langsam Formen an. Auch ein Geräteschuppen ist dort zwischenzeitlich entstanden..

Baubeispiel: Geschützter Innenhof mit Hangbeeten

1

2

1
Hier soll im Keller des Hauses ein zusätzlicher Wohnraum mit vorgelagerter Terrasse entstehen. Dazu muss das Kellergeschoss mit dem Bagger freigelegt werden. Ein solcher Umbau ist arbeitsaufwändig und stellt einen großen Eingriff in die Substanz dar.

2
Nach dem Abgraben der Erde wird ein Zugang zum Keller von außen geschaffen. Der ehemalige Lichtschacht bietet sich zum Aufbrechen der Wand und zum Einsetzen einer Türe an, zumal dort bereits ein Fenstersturz eingebaut ist.

3
Zuvor soll eine Treppe gebaut werden, um Baustoffe und Werkzeuge leichter befördern zu können. Für die Betontreppe ist eine Holzschalung nötig.

4
Die Treppe wurde entsprechend ihrer Gesamthöhe und –länge berechnet, genau genommen entstehen durch das Podest in der Mitte zwei Treppen.

5
Nach dem Abbinden des Betons kann die Holzschalung entfernt werden. Die Treppe liegt hier auf gewachsenem Boden aus Granitgrus auf, so dass kein zusätzlicher Unterbau aus Schotter nötig ist.

6
Auch die Trockenmauern werden direkt auf dem Granitgrus errichtet. Die handbehauenen kantigen Steine lassen sich recht einfach aufschichten.

3

4

5

6

7
Nun kommt der Mauerdurchbruch an die Reihe. Nach dem Entfernen der Mauerschutzbahnen erfolgt das Aufstemmen der Betonsteinwand mit dem Meißelhammer.

8
In die glatt abgestemmte Laibung wird die Nebeneingangstüre eingebaut. Die Fertigtüre aus dem Baumarkt wird noch blau angestrichen.

9
Nach dem Einbau der Türe und eines Fensters sowie der Dämmung der Außenwand, geht der Trockenmauerbau weiter voran. Um Staunässe im Innenhof zu vermeiden, wird ein Drainagerohr im Boden verlegt und an einen Entwässerungsschacht angeschlossen.

10
Die Außendämmung erstreckt sich über die gesamte Wand. Um Kältebrücken zu vermeiden, werden auch die Bodenplatten am Haus auf Dämmplatten gelegt.

11
Das Drainagerohr muss ein geringes Gefälle haben. Das Regenwasser sickert später zwischen den Fugen im Bodenbelag in die Erde. Überschüssiges Wasser wird durch das mit Löcher versehene Drainagerohr dem Entwässerungsschacht zugeleitet.

12
Die Betontreppe bietet eine stabile Basis für das Klinkerpflaster. Mit den Pflasterarbeiten wurde eine Baufirma beauftragt.

13

14

13
Zum Verfugen ist hier Quarzsand ideal. Der feine Sand rieselt beim Kehren in die schmalen Zwischenräume. Durch die Fugen kann das Regenwasser versickern.

14
Der Hang wird mit zwei Trockenmauern abgestützt. Durch die Abstufung jeweils in der halben Höhe ergeben sich Hochbeetflächen für die Bepflanzung mit Rosen und Blütenstauden.

15
Rosen im Container lassen sich auch im Sommer umpflanzen. Der Boden wurde noch mit reifer Komposterde verbessert.

16
Bei den vom Steinbruch gelieferten Kalksteinen waren auch schöne Ammoniten dabei. Sie wurden natürlich gut sichtbar im Mauerwerk eingebaut.

17
Der geschützte Innenhof dient als Zweitsitzplatz – je nach Sonnenstand und Wetterlage. Der Zugang ist auf kurzem Weg vom Haus aus oder über die Gartentreppe möglich.

15

16

17

4 Guter Boden für Hügel-, Hoch- und Hangbeete

Die meisten Pflanzen sind recht tolerant, was die Beschaffenheit des Bodens betrifft. Es bleibt ihnen ja auch in freier Natur nichts anderes übrig. So wachsen Waldbäume in Niederungen auf Kies-, Sand-, oder Lößboden und in Hochlagen gleichermaßen auf Schotter oder felsigem Gelände. Auch Obst- und Ziergehölze der gleichen Art gedeihen in den mitteleuropäischen Gärten, sei es auf moorigem Grund in Schleswig-Holstein, karstigem Gesteinsboden in den Mittelgebirgen oder auch auf nährstoffreichem Schwemmland in den Flussniederungen. Unterschiede in der Wuchskraft und in der Ertragsfähigkeit sind allerdings mehr oder weniger stark bemerkbar. Es ist deshalb sinnvoll, im Hausgarten beste Bedingungen für die jeweiligen Pflanzen zu schaffen bzw. für die vorhandenen Verhältnisse passende Pflanzen auszuwählen. Anders als Gehölze, die in tiefe, kaum beeinflussbare Bodenschichten vordringen, benötigen Gemüse, Stauden und Sommerblumen nur eine recht geringe Bodenschicht. Für sie lässt sich der Boden bestmöglichst aufbereiten, insbesondere in den Hochbeeten. Solange "die eigene Scholle" zufriedenstellende Ernten hervorbringt, gibt es keinen Grund für tiefgreifende Veränderungen. Jeder gute Gartenboden macht den Anbau von Zier- und Nutzpflanzen ohne besondere Verbesserungen möglich. Unnötige Nährstoffgaben - insbesondere von schnelllöslichen Mitteln - schaden mehr als sie bringen. Viele Stoffe gelangen ungenutzt in das Grundwasser, zumal der Boden nur eine gewisse Menge aufnehmen und speichern kann.

"Viel hilft viel" stimmt bei der Düngung nicht. Die meisten Gartenböden sind ohnehin überversorgt, das heißt, sie enthalten mehr Nährstoffe als nötig. Grundsätzlich gilt, dass sich das Wachstum der Pflanzen nach demjenigen Nährstoff richtet, der im geringsten Maß vorhanden ist. Wenn also beispielsweise reichlich Stickstoff gegeben wird, aber Kali fehlt, nützt das nichts, ja, kann sogar schädlich sein. Oft zeigen die Pflanzen selbst an, was ihnen fehlt; so etwa zeichnet sich Stickstoffmangel durch kümmerliches Wachstum ab, mangelhafte Blütenbildung hat häufig einen zu geringen Phosphatanteil als Ursache, kränkelnde Pflanzen weisen auf Kalimangel hin.

4.1 *linke Seite* Gartenidylle. Foto: C. Lorenz-Ladener

Tabelle 4.0 Hauptnährstoffe und wichtige Spurenelemente für das Pflanzenwachstum.

Hauptnährstoffe und ihre Wirkungen		
Nährstoff	**beeinflusst**	**Mangelerscheinung**
N Stickstoff	Triebwachstum, Blattbildung	Kümmerwuchs
P Phosphor	Blütenbildung	Blütenmangel
K Kali	Stabilität, Gesunderhaltung	Krankheitsanfälligkeit
Mg Magnesium	gesunde Blattfarbe	Blattchlorosen
Ca Calcium (Kalk)	gesamte Lebensvorgänge, Fruchtentwicklung	Kümmerwuchs
Spurenelemente		
Fe Eisen	Blattgrünbildung, Atmung, Stoffwechsel, Photosynthese	Blattchlorosen
Mn Mangan	Blattgrünbildung, Atmung, Enzymsteuerung, Photosynthese	Laubfall, Nekrosen, braune Blattflecken
Zn Zink	Chlorophyllbildung, Eiweißumwandlung	Wachstumshemmung, weißgrüne Blattflecken
Cu Kupfer	Photosynthese, Stickstoffverwertung	Spitzendürre
Mo Molybdän	Stoffwechsel, Eisenaufnahme	Triebdeformationen, braune Blattränder
B Bor	Stoffwechsel, Nährstoffaufnahme	Wachstumsstörungen, geringe Wurzelbildung
Cl Chlor	Quellwirkung, Stoffwechsel	Welkeerscheinungen, Wurzelverdickungen

Bodenarten und ihre Eigenschaften	
Sand	leichter mineralischer Boden, durchlässig, geringes Speichervermögen für Wasser und Dünger, geringer Nährstoffgehalt, gute Erwärmung, leicht zu bearbeiten
Lehm	schwerer mineralischer Boden, undurchlässig, hoher Nährstoffgehalt, gutes Speichervermögen, jedoch geringe Abgabe, schwer zu bearbeiten
Ton	schwerer mineralischer Boden, stark verdichtet, klumpig, undurchlässig, kalt, hoher Nährstoffgehalt, jedoch geringe Abgabe, schwer zu bearbeiten
Humus	vorwiegend organischer Boden aus verrotteten Pflanzenteilen, locker, gutes Wasser- und Nährstoffspeichervermögen, leicht zu bearbeiten

Tabel 4.1: Bodenarten und Wirkung

Häufige Zeigerpflanzen	
Art	Hinweis
Huflattich	hoher Kalkgehalt
Brennessel	Humusboden, hoher Stickstoffgehalt
Löwenzahn	nährstoffreicher Lehmboden
Ackerdistel	nährstoffreicher Lehmboden
Vogelmiere	Humusboden, hoher Nährstoffgehalt
Franzosenkraut	Humusboden, hoher Nährstoffgehalt
Echte Kamille	Lehm, Nährstoffe

Tabelle 4.2 Häufige Zeigerpflanzen

Bodenarten

Tab. 4.1 zeigt Bodenarten und ihre Eigenschaften. Vorteilhaft sind Mischböden, insbesondere sandige Lehmböden mit Humusanteilen. Es gibt einige typische Pflanzen (Zeigerpflanzen), die vorzugsweise auf bestimmten Böden gedeihen. Sie weisen daher auch recht eindeutig auf den Zustand des Bodens hin (Tab. 4.2). Aber auch schon beim Anblick sind Eigenschaften eines Bodens erkennbar. Lehmboden glänzt speckig und wird daher auch als fetter Boden bezeichnet.

Die Bodenart und der Zustand haben eine ganz entscheidende Wirkung auf die Verfügbarkeit der Nährstoffe. So sind z.B. in schweren Lehmböden reichlich Nährstoffe eingelagert. Sie kommen aber den Pflanzen, die darauf wachsen nur langsam zugute. Man sagt Lehmboden ist geizig. Er gibt die Nährstoffe nur langsam ab. Sie sind fest an die Bodenteilchen (Kolloide) gebunden. Das hat allerdings auch wieder den Vorteil, dass die Gefahr einer Überdüngung geringer ist als etwa bei Sandböden. Diese leichten Böden sind nicht spei-

4.2
Speckig glänzender Lehmboden, nährstoffreich, aber schwer zu bearbeiten.

4.3 Bodenverbesserung mit Sand.

4.4 In den lockeren Sandboden wird nährstoffreiche Lehmerde eingearbeitet.

cherfähig. Sandige Böden enthalten deshalb auch weniger Nährstoffe als Lehmböden. Neben Sand- und Lehmböden kommt eine dritte Bodenform häufig in Gärten vor: Humus. Im Unterschied zu Lehm- oder Sandböden, die vorwiegend mineralische Bestandteile beinhalten, haben Humusböden einen hohen Gehalt an organischen Stoffen.
Reifer Kompost ist beispielsweise eine reine Humusform. Auch sogenannter Mutterboden ist reich an organischen Stoffen. Er enthält allerdings je nach Lage auch Sand, Lehm oder Steine.
Wie der Boden im eigenen Garten beschaffen ist, kann einfach durch sogenannte Handproben festgestellt werden. Lehmiger Boden lässt sich kneten und zu einer Wurst rollen. Sandboden rieselt durch die Finger. Humus ist weich und faserig. Meist liegen allerdings Mischungen vor. Wie die Erde gemischt ist, lässt sich mit Hilfe einer Wasserprobe bestimmen. Ein Löffel Gartenerde in einem Glas Wasser aufgelöst, zeigt die Zusammensetzung an. Die Sandanteile sinken nach einer Weile zu Boden. Die Humusteilchen schwimmen oben auf. Die Lehmteile schweben im Wasser und bilden eine trübe Brühe. Je nach Anteilen wird so sichtbar, ob es sich beispielsweise um einen sandigen Lehmboden mit Humusgehalt handelt, einen lehmigen Sandboden mit Humus oder um eine andere Bodenart.
Der Boden ist ganz wesentlich bei der Düngung und Kompostierung zu beachten. So hat es beispielsweise wenig Wert, einen durchlässigen Sandboden mit schnelllöslichen Düngemitteln zu versorgen. Der nächste Regen wäscht die Nährstoffe aus. Sie kommen dann natürlich nicht den Pflanzen zugute, sondern gelangen unter Umständen sogar ins Grundwasser.

4.5
Die Bodenbeschaffenheit lässt sich mit einer Wasserprobe feststellen. Das Ergebnis (v.l.n.r.): Sand, Humus, Lehm.

Ebenso unsinnig ist es, einen von Natur aus nährstoffreichen Lehmboden zu düngen. Die zusätzlichen Nährstoffe gehen zwar nicht verloren, zumal sie in den Bodenkrümeln gespeichert werden. Dennoch haben die Pflanzen wenig davon. Sie sollen ja nicht gemästet werden, sondern im besten Fall aus dem Vollen schöpfen. Dazu genügt aber oft das vorhandene Nährstoffangebot.

Wasserspeicherfähigkeit: Lockerer, luftiger Boden kann mehr Wasser speichern als schwerer, verdichteter Boden. Immerhin bietet er mehr Hohlräume und Poren zum Sammeln von Wassertröpfchen. Das Lockern und Einarbeiten von luftigem Material, wie etwa Kompost, Sand und Blähtongranulat, hat also auch günstige Auswirkungen auf die Wasserspeicher- und -leitfähigkeit. Besonders bei schwerem Lehm- oder Tonboden, der rasch verklumpt und verschmiert, machen sich solche Bodenhilfsstoffe positiv bemerkbar. Andererseits lässt sich leichter Sandboden durch das Einarbeiten von Lehm oder auch von Kompost bindiger und speicherfähiger machen.

Bodenmüdigkeit: Wenn ständig die gleichen Pflanzen am selben Ort an-

4.6
Es ist gut, wenn möglichst vielfältige organische Abfälle auf dem Kompost landen.

gebaut werden, hat das natürlich Folgen für den Boden. Je nach Art zehren die Wurzeln von den vorhandenen Nährstoffen. Zudem scheiden sie Stoffwechselprodukte aus. Wichtig für eine gute Pflanzen- und Bodengesundheit ist dehalb der Anbau von Mischkulturen (siehe S. 106). Böden, die einseitig ausgezehrt oder belastet sind, lassen sich durch Ruhephasen, etwa mit Hilfe der Gründüngung (S. 104) oder durch das Einarbeiten von Hilfsstoffen wie Kompost wieder munter machen.

Kompost

Vielfältige Bodenlebewesen wandeln anfallende Gemüsereste, Rasenschnittgut, Kaffeesatz und dergleichen in wertvolle Erde um. Ohne Kompostierung, die natürliche Verrottung, bei der unzählige Tierchen, Pilze und Bakterien mitwirken, kämen mit der Zeit Berge an Abfällen zusammen.
Organische Abfallstoffe, die im Haushalt und Garten anfallen, landen bei der einfachsten Art der Kompostierung auf einem Haufen oder in einem Kompostbehälter. Der Kompostbehälter sollte auf möglichst lockerem Boden (Humusboden) stehen und unten offen sein, damit Würmer und andere Bodenlebewesen zuwandern können. Wird der Kompostbehälter auf ein engmaschiges Drahtgewebe gestellt, hält dies Wühlmäuse und Ratten ab. Die Verrottung vollzieht sich gewöhnlich problemlos. Allerdings dürfen keine größeren Mengen eines Materials schichtweise zusammen kommen oder gar zusammengepresst werden. Während des Befüllens sollte das Material immer wieder mit einer Mist- oder Grabegabel durchmischt werden. Dadurch gelangt Luft in den Haufen und die Bodenlebewesen werden in das frische Material befördert.
Denn die Bodenlebewesen brauchen außer Nahrung in Form organischer Abfälle auch Sauerstoff. Zudem müssen die Gase, die sie produzieren, entweichen können. Den Bodenlebewesen schadet das Durcheinanderwirbeln wenig. Sie stellen sich danach bald wieder auf den neuen Zustand ein.

4.7
Holzkomposter. Der reife Kompost wird entnommen.

4.8
Kompost sieben.

Durchschnittlich dauert es etwa ein halbes Jahr, bis ein Komposthaufen völlig vererdet ist, je nach Zusammensetzung der Inhaltsstoffe (siehe unten).

Verlauf der Kompostierung

Zunächst vermehren sich Bakterien im Kompostmaterial. Sie erzeugen durch eine enorme Aktivität eine hohe Wärme. Dadurch zersetzen sich grobe Pflanzenteile. Danach breiten sich Pilze im Haufen aus. Sie nehmen die Ammoniakgase auf, die während der Zersetzung aus den Pflanzenteilen entweichen. Sie tragen aber auch selbst zur Zersetzung bei, indem sie mit Pilzfäden (Myzel) in die rottenden Bestandteile eindringen und davon zehren. Sobald dieser bakterielle und pilzliche Reifeprozess abklingt, dringen Bodentierchen wie Springschwänze, Asseln und Tausendfüßler in den „vorverdauten" Haufen ein. Sie zerkleinern das Material und bereiten es für die Kompostwürmer vor. Diese wohl wichtigsten Bodenlebewesen namens *Eisenia foetida* verzehren die zerkleinerten Rohstoffe und wandeln sie in Erde um.

Kompostzusätze

Guter Gartenkompost braucht gewöhnlich keine besonderen Zusatzstoffe. Er enthält ja alle möglichen Materialien, die zur Umsetzung in wertvolle Erde nötig sind. Günstig wirkt sich jedoch das „Impfen" mit bereits angerottetem oder halbfertigem Kompost von einem anderen Haufen aus. Mit kleinen Portionen, die beim Aufsetzen gegeben werden, kommen Mikroorganismen und Würmer in das frische Material. Das fördert natürlich die biologischen Vorgänge. Im Handel sind auch fertige Produkte erhältlich. Solche „Kompoststarter" oder „Kompostbeschleuniger" enthalten Bakterien und Pilzkulturen. Sie sind aber nicht besser als ein paar Schaufeln voll halbfertiger Komposterde. Als weitere Zusatzstoffe sind Steinmehle und Kalk geeignet. Kleine Portionen davon, die immer wieder eingestreut werden, verbessern den Gehalt an Spurenelementen beziehungsweise den Kalkgehalt.

Neuen Kompost aufsetzen

Jeder Kompost entwickelt eine gewisse Eigendynamik. Es kommt im Wesentlichen darauf an, wie er bestückt ist. Grundsätzlich beginnt aber bei jedem Haufen früher oder später die Verrottung, so dass von allen organischen Abfällen irgendwann nur noch Erde übrig bleibt. So kann der Rottevorgang zügig vonstatten gehen:

4.9
Bauerngarten mit umpflanztem Kompostbehälter.

4.10
Gut: Die geschickte Bepflanzung verschattet den Kompost.

4.11
Metallkomposter.

etwas Wasser auf den Kompost geben (ohne den Haufen zu vernässen).

- Den fertig aufgesetzten Haufen in Ruhe rotten lassen. Er sackt mit der Zeit mindestens um die Hälfte zusammen. Vor der weiteren Befüllung (z.B. wenn nur ein einziger Kompostbehälter vorhanden ist), unten die reife Erde entnehmen.

4.12
Teilweise vererdeter Kompost.

4.13
Reifer Kompost duftet nach Walderde.

4.14
Entnahme von reifem Kompost.

- Den unten offenen Komposter auf gut belebten Gartenboden stellen, der reich an Bodenlebewesen ist (freies Gemüsebeet, Rasenstück).
- Eine erste, luftige Schicht aus Staudenresten, Laub und anderem sparrigem Material einfüllen, das begünstigt nachhaltig die Belüftung.
- Immer nur kleine Portionen des gleichen Abfalls in den Komposter geben; z.B. also eine dünne Schicht Rasenschnittgut, darauf vielleicht eine Lage Erdreste vom Rasenkantenstechen, danach einen Eimer voll gemischter Küchenabfälle und so weiter.
- Die Abfälle nicht mit Gewalt zusammendrücken, sondern gelegentlich mit einer Grabegabel durchmischen. Das ist die beste Gewähr, dass der Kompost nicht „umkippt" und zu faulen beginnt.
- Den Kompost mit Steinmehl einstreuen oder mit Kräuterjauchen übergießen. Das ist nicht notwendig, verbessert aber die Qualität.
- Den Inhalt nicht austrocknen lassen, was bei geschlossenen Behältern leicht geschehen kann. An heißen Sommertagen eventuell

Laubkompost

Das Herbstlaub bietet sich geradezu als Rohstoff zum Kompostieren an. Es lässt sich für einen Universalkompost mit anderen Abfällen aufschichten, es kann aber auch gezielt Laubkompost produziert werden. Dazu wird nur das Falllaub gesondert aufgesetzt. Dieses verrottet dann zu reiner Lauberde.
Die Verrottung dauert allerdings wesentlich länger als bei gemischten Abfällen.
Lauberde eignet sich zur Bodenverbesserung in Heidebeeten oder in Mischung mit anderen kalkfreien Stoffen zum Pflanzen von Rhododendren, Heidelbeeren und verwandten Moorbeetpflanzen.

Industriekompost

Seit die Kommunen Probleme mit der Abfallentsorgung haben, wird vielerorts die Kompostierung gefördert. Mittlerweile unterhalten viele Gemeinden, Städte und private Betreiber eigene Kompostieranlagen. Das Endprodukt, also fertigen Kompost, gibt es dann lose oder abgepackt zu kaufen. Industriekompost ist durchaus brauchbar, z.B. wenn nach der Gartenneuanlage noch Mangel an eigenem Kompost besteht.

Mistkompost

Frischer Mist wirkt schädlich, wenn er direkt mit den Pflanzen in Berührung kommt. Er benötigt eine Ruhezeit, in der giftige Ammoniakgase entweichen und ätzende Stoffe abgebaut werden. Der beste Mist kommt deshalb vom Komposthaufen. Er lässt sich wiederum mit anderen Abfällen gemischt aufsetzen oder separat kompostieren. Mistkompost von Geflügel, Kaninchen, Rindern oder anderen Haustieren ist ein vollwertiger Dünger und darf nur in kleinen Mengen gegeben werden.

Pferdemist ist besonders reich an faserigen Stoffen und von fester Beschaffenheit („Pferdeäpfel"), Als sogenannter warmer Mist eignet sich Pferdemist gut zum Bepacken eines Mistbeetkastens.

Wann ist der Kompost fertig?

Es kann je nach Art der Abfälle wenige Monate oder über ein Jahr dauern, bis ein Kompost völlig vererdet ist. Während beispielsweise ein Kompost gemischt aus Küchenabfällen, Blumenerde, Rasenschnittgut und dergleichen schon nach etwa einem halben Jahr reif ist, benötigt ein reiner Laubkompost mindestens ein Jahr. Die Dauer der Rotte ist zudem von der Jahreszeit abhängig. Im Winterhalbjahr nimmt die Aktivität der Bodentierchen ab. Entsprechend verringern sich die Umwandlungsvorgänge. Wenn nach dem Freilegen (bei einer Miete) oder nach dem Abnehmen der Seitenteile (bei einem Behälter) braune Erde zum Vorschein kommt, ist die Verrottung fast oder völlig beendet. Sollten sich noch Würmer in der Erde befinden, dauert es noch einige Wochen, bis der Kompost völlig reif ist. In diesem Zustand ist aber schon eine Verwertung im Garten möglich.

Sobald ein Komposthaufen in Erde umgewandelt ist, sollte er möglichst bald verbraucht werden. Anderenfalls gehen wertvolle Inhaltsstoffe durch Auswaschung verloren. Falls kein Bedarf an Komposterde besteht, lässt sich der Haufen kurzfristig mit einer schwarzen Mulchfolie oder Teichfolienresten schützen. Die Ausbringung kann dann nach und nach geschehen, z.B. für die Befüllung eines neuen Hochbeetes und dergleichen.

Gemüse düngen

Im Gemüsegarten geht durch die ständige Entnahme von Salaten, Früchten und Wurzelgemüsen eine Menge an Nährstoffen verloren (Tab. 4.3). Hier ist die Düngung unverzichtbar. Zur Erhaltungsdüngung,

4.15
Reifer Laubkompost.

4.16
Herkömmliches Düngemittel: Mist.

4.17
Kompostgaben zur Bodenverbesserung sind unabhängig von der Jahreszeit möglich.

sowie zur Humusversorgung genügt Kompost, der regelmäßig in geringen Mengen gegeben wird. Zudem trägt Gründüngung (siehe S. 104) zur Nährstoffversorgung und Humusbildung bei. Falls nötig, erhalten bestimmte Kulturen noch zusätzlichen Dünger. So fördert verrotteter Mist bei der Pflanzung die Entwicklung von Tomaten. Bei Wurzelgemüsen wie Sellerie und Roten Rüben, begünstigen Steinmehlgaben (siehe S. 102) die Einlagerung von Mineralien usw.

Stauden düngen

Die meisten Blütenstauden, wie Rittersporn, Phlox oder Sonnenhut brauchen reichlich Nährstoffe. Sie verjüngen sich im Frühjahr vollständig und bringen je nach Art meterhohe Büschel hervor. Durch Kompostgaben bleiben sie vital. Kompost verbessert den Boden und wirkt als leichter Langzeitdünger. Natürlich sind Art-Unterschiede zu beachten. So bekommen beispielsweise langlebige Arten wie Pfingstrosen mehr, genügsame Steingartenstauden weniger Nährstoffe in Form von Kompost.

Zwiebelblumen düngen

Für gutes Gedeihen von Tulpen, Narzissen, Lilien, Dahlien und anderen Zwiebel- und Knollenblumen ist tiefgründiger, nährstoffreicher Boden mit guter Wasserführung wichtig. Auch sie sind auf regelmäßige Nährstoffgaben angewiesen, wobei sich wiederum Kompostgaben sehr günstig bei der Pflanzung und Nachversorgung auswirken.

Tabelle 4.3
Nährstoffbedarf von Gemüse

Nährstoffbedarf von Gemüse		
Starkzehrer	**Mittelzehrer**	**Schwachzehrer**
Kohlarten	Spinat	Petersilie
Porree	Möhren	Bohnen
Gurken	Zwiebeln	Erbsen
Tomaten	Rettich	Salat
Sellerie	Radieschen	
Mais	Rote Bete, Mangold	

Kräuter düngen

Bei Kräutern sind Unterschiede zu beachten. Während einige Arten, wie Salbei, Thymian oder Lavendel besser auf magerem Substrat gedeihen, brauchen üppige Arten, wie Maggikraut, Fenchel oder Engelwurz nährstoffreichen Boden. Auch diese sind mit Kompost gut versorgt.

Bäume und Sträucher

Die Gartengehölze ergründen mit tiefgreifendem Wurzelwerk selbst Nährstoffvorräte im Boden. Zudem kommt ihnen das Falllaub im Herbst immer wieder zugute. Es wird dazu nur unter die Pflanzgruppen mit dem Rechen verteilt. Bei Jungpflanzen, besonders bei Obstgehölzen, wirkt sich das Mulchen mit Kompost auf die Vitalität und Fruchtbarkeit aus.

Rosen

Edelrosen blühen nur zufriedenstellend, wenn sie reichlich mit Nährstoffen versorgt werden. Am besten bekommt ihnen verrotteter Mist oder nährstoffreicher Gartenkompost, der im Herbst in den Beeten verteilt wird. Er dient dann nach dem Anhäufeln gleich als Frostschutz und im Frühjahr nach dem Abhäufeln als Dünger und zur Humusversorgung.

Weitere Düngemittel

Vor der Einführung von mineralischen und chemischen Düngemitteln („Kunstdünger") diente außer Kompost vorwiegend Mist zur Bodenverbesserung und Nährstoffversorgung (Tab. 4.4). Das war entweder Stallmist oder Mist von Geflügel und anderen Haustieren. Dieser wurde im Herbst auf den Feldern und Beeten verteilt und eingegraben, so dass er bis zum Frühjahr verrottet war. Heute beherrscht ein unüberschaubares Sortiment an verschiedensten Fertigprodukten den Markt. Das können natürliche mineralische Dünger sein (z.B. Chilesalpeter), chemische Dünger (z.B. „Blaukorn") oder auch organische (z.B. „Guano"), sowie Mischdünger aus beiden Arten (z.B. mineralischer Volldünger mit Hornspänen). Zudem gibt es eine Reihe von Spezialdüngemitteln, die auf Sonderkulturen abgestimmt sind (z.B. Erdbeerdünger, Rosendünger, Tannendünger etc.).

Im Vergleich zu den altbewährten, organischen Düngemitteln wie verrottetem Stallmist oder Kompost, sind fertig abgepackte Dünger wesentlich stärker konzentriert. Entsprechend wirken sie auch intensiver. Deshalb haben Düngefehler mit fertigen Konzentraten wesentlich schwerwiegendere Folgen als solche mit Mist oder Kompost. Und nicht zuletzt können chemische Produkte giftig wirken, wenn sie etwa ins Grundwasser gelangen oder ausgasen.

Aber auch frischer Mist ist Gift: Er kann unerwünschte Wirkungen zeigen, wenn er falsch verwendet wird. Keinesfalls darf den Pflanzen frischer Mist direkt aus Stallungen gegeben werden. Der beste Mist kommt vom Kompost. Das heißt, erst nach einer Zwischenlagerung auf dem Mist- oder Komposthaufen ist dieser tierische Dünger pflanzenverträglich.

Einer Volldüngung im Hausgarten mit irgendeinem Handelsdünger sollten stets genaue Bodenuntersuchungen vorausgehen, denn sie ist meist unnötig oder sogar schädlich. Im Garten gilt es ja nicht, Höchsterträge für den Verkauf zu erwirtschaften, sondern gute und schöne Gartenfrüchte und Zierpflanzen zu bekommen. Dazu sollten zunächst die vorhandenen Nährstoffreserven im Boden und natürliche Nährstoffquellen wie Kompost oder Kräuterjauchen genutzt werden. Diese lassen sich, wenn nötig, mit unbedenklichen Zusatzstoffen wie natürlichen Steinmehlen sowie durch gezielte Methoden wie die Gründüngung aufbessern und begünstigen. Auf Kunstdünger kann dadurch verzichtet werden. Das erspart unnötige

Tabelle 4.4
Auswahl organischer Dünger

Auswahl organischer Dünger (Nährstoffgehalt in %)						
Wirkstoff	N	P	K	Mg	C	anorganische Substanz
Kompost	0,5-1,5	0,1-0,8	0,3-0,8	0,1-2,0	1,0-12	20-40
Pferdemist	0,5	0,3	0,4	0	0,2	30
Rindermist	0,5	0,2	0,5	0	0,5	25
Hühnermist	1,5	1,5	1	0	3	30
Knochenmehl	3-5	21	0,2	0	30	30
Holzasche	0	2-4	6-10	0	30-35	0
N = Stickstoff, P = Phosphor, K = Kali, Mg = Magnesium, Ca=Calzium (Kalk)						

Nährstoffgehalt von Gesteinsmehlen					
	Quarz	Silizium	Kalzium	Magnesium	Kalium
Basalt	unter 1%	20-50%	8-15%	8-10%	1-2%
Granit	20-30%	50-70%	2-8%	2-5%	4-6%

Tabelle 4.5
Nährstoffgehalt von Gesteinsmehlen.

Kosten und schließt Unsicherheiten aus, wie Auswaschungsgefahr, Überversorgung, Chlorrückstände (durch Chlorid in den Volldüngern), Giftstoffbildung (z.B. bei Kalkstickstoff) und dergleichen.

Der richtige Zeitpunkt: Sind Pflanzen offensichtlich schwächlich oder blühen nicht, kann eine gezielte Düngung zum Wachsen oder Blühen anregen. Die meisten Pflanzen dürfen nur während der Wachstumszeit Dünger bekommen. Am besten wirken Düngemittel im Frühjahr zu Beginn der Saison. Sie fördern dann den Austrieb und die Blütenbildung. Ausnahmen sind beispielsweise Mistgaben, die im Herbst auf den Beeten verteilt werden oder die Gründüngung, die während der Saison auf freien Flächen möglich ist. Der Mist verrottet während des Winters und kommt den Pflanzen dann im Frühjahr zugute. Jederzeit möglich sind auch Kompostgaben (etwa bei der Pflanzung von Obst und Gemüse) und die Zugabe von Pflanzenjauchen, deren leichte Düngewirkung keine Schäden verursachen.

Steinmehle

Im biologischen Gartenbau werden seit längerer Zeit Steinmehle mit Erfolg eingesetzt. Sie enthalten zwar auch Pflanzennährstoffe, dienen aber wie Kalk in erster Linie der Verbesserung der Bodenstruktur. Es gibt verschiedene Arten, die unterschiedlich wirken. Bei den Silikatgesteinen lassen sich Basalte und Granite unterscheiden. Basalte enthalten wenig Quarz, dagegen mehr dunklere Minerale, die reich sind an Kalzium, Magnesium und Eisen. Die helleren Granite bestehen zum großen Teil aus Quarz und Feldspat, die Kalium enthalten. Die Wirkung im Boden ist von der chemischen Zusammensetzung und vom Vermahlungsgrad abhängig. Basaltmehle sind reich an Spurenelementen. Sie wirken basisch und eignen sich vor allem für leichte, zur Versauerung neigende Sandböden. Ihr Einsatz hat sich ebenso zur Versorgung mit Spurenelementen bei Obst und Gemüse bewährt. Granitmehl setzt man auf schweren Böden ein. Dort sorgt es für mehr Durchlüftung und eine bessere Wasserführung. Mehle aus basischem Gestein wie Basalt enthalten meist viele Nährstoffe. Allerdings liegen diese nicht wie bei synthetischen Düngern in leicht wasserlöslicher Form vor. Sie wirken langfristig. Eine Überdüngung mit Gesteinsmehlen ist praktisch nicht möglich. Dennoch müssen sie gleichmäßig und sparsam gestreut werden, damit sie nicht verkrusten (Tab. 4.5).

4.18
Die Zugabe von Steinmehl verbessert den Gehalt an Spurenelementen im Kompost.

Hornspäne

Bei der Tierverwertung anfallende Reststoffe, wie Hufe, Hörner und dergleichen werden von der Düngemittelindustrie zerkleinert und vermarktet. Hornspäne enthalten Nährstoffe, die langsam von den Bodenlebewesen umgesetzt und für die Pflanzen wirksam werden.

Pflanzenjauchen

Anders als tierische Jauchen (Gülle), die stark konzentrierte Brühen sind, stellen Pflanzenjauchen leichte Flüssigdünger dar. Solche Mittel eignen sich zur Stärkung von Jungpflanzen (z.B. Schachtelhalmbrühe), als Wuchsstoff (z.B. Brennnesseljauche) oder auch zur Abwehr von Pilzkrankheiten (z.B. Wermuttee) und zur Vertreibung von Schädlingen (z.B. Zwiebelbrühe). Sie entstehen nach dem Ansetzen bestimmter Pflanzenteile in Wasser (z.B. durch Auslösen von Wirkstoffen beim Erhitzen oder durch Gärung). Hier sei erwähnt, dass Jauchen, Brühen oder Tees keinen Erfolg garantieren. Es kommt immer auf die Rezeptur und die Hartnäckigkeit der Schädlinge oder die Resistenz der Krankheit an. Oft ist eine mehrmalige Anwendung nötig. Wenn diese Mittel nicht helfen, dann schaden sie aber auch nicht. Sie sollten also wie eine leichte Medizin betrachtet werden. Sobald sich nach einer Wartezeit keine erwünschte Wirkung abzeichnet, ist immer noch der Einsatz anderer Präparate möglich.
Kranke Pflanzen brauchen zunächst Schonung. Sie dürfen nicht gedüngt und zum Wachsen oder Blühen angeregt werden. Zunächst muss etwas gegen die Krankheit unternommen werden. Erst nach einer sichtlichen Erholung können sie wieder zusätzliche Nährstoffe erhalten. Zur Heilung und Erholung können aber Pflanzentees, -brühen oder -jauchen beitragen.

Brennnesseljauche
1 kg Brennnesseln auf 10 l Wasser kleingehackt in einen Eimer geben (bei größeren Mengen entsprechend mehr). Am besten vor der Blütezeit, also von Mai bis Juli ansetzen. Wenn nach wenigen Tagen die Gärung einsetzt, immer wieder umrühren. Nach ca. 1-2 Wochen ist der Gärvorgang abgeschlossen (bei warmen Wetter früher). Die Jauche kann unverdünnt als Flüssigdünger verwendet werden. Sie enthält Mineralien, Kieselsäure, Eisen und andere Wirkstoffe.

Brennnesseltee
Eine Handvoll frischer Blätter mit kochendem Wasser überbrühen und ziehen lassen. Danach dem Gießwasser beigeben und ausbringen. Wirkung wie Jauche, aber schwächer und geruchlos.

4.19
Pflanzenjauche ansetzen: Nach dem Kleinschneiden der Pflanzen werden die Teile in Wasser angesetzt.

4.20
Brennnesseljauche gießen – wirkungsvoller Flüssigdünger.

4.21 *links und rechts* Gründünger.

Ackerschachtelhalmbrühe
1 kg Kraut mit 10 l Wasser 12 Stunden kalt ansetzen, danach 30 Minuten kochen lassen und die Kräuter absieben. Nach dem Erkalten 2-3-fach verdünnt z.B. zur Stärkung von Jungpflanzen und zur Abwehr von Schädlingen sprühen. Enthält vor allem Kieselsäure, die das Gewebe stärkt.

Gleichermaßen lassen sich andere Jauchen, Tees und Brühen ansetzen; so etwa Rainfarnjauche gegen tierische Schädlinge oder Wermutjauche zur Pilzabwehr. Alle Jauchen sollten nach der Gärung abgedeckt werden, zumal sie übel riechen.

Tabelle 4.6 Eigenschaften von Gründünger

Gründünger		
Art	Saatzeit	Winterhärte
Gelbsenf (Sinapis alba)	Frühjahr bis Ende August	friert ab
Studentenblume (Tagetes)	Mai bis Ende Juni	friert ab
Ringelblume (Calendula)	Frühjahr	einjährig, Samen überdauern
Bienenfreund (Phacelia)	Frühjahr bis Herbst, Blüte nur bei Frühjahrssaat	einjährig
Winterroggen (Secale cereale)	September bis November	frosthart
Inkarnatklee (Trifolium incarnatum)	Juli bis September	frosthart
Gelbe Lupine (Lupinus luteus)	Frühjahr	friert ab

Gründüngung

Bei dieser Art der Nährstoffversorgung erhält der Boden eine Aussaat von speziellen Pflanzen, insbesondere dienen dazu Sämereien von schnellkeimenden Arten, die in wenigen Wochen eine dichte Decke bilden. Die Gründüngerpflanzen (Tab. 4.6) werden dann direkt oder in angewelktem Zustand in die Erde eingearbeitet. Nach dem Einarbeiten kommen die Pflanzenteile dem Boden zugute. Sie geben bei der Verrottung - etwa wie Kompost - Nährstoffe ab und reichern ihn mit Humus an. Diese Art der Bodenverbesserung bietet sich besonders bei brachliegenden Gartenflächen an, z.B. bei Neubaugrundstücken (siehe auch das Baubeispiel auf S. 86 ff.) oder auch auf freien Beeten. Werden gründgedüngte Beete für den Anbau von Gemüse verwendet, sind günstige Kombinationen zu wählen. Es dürfen keine Pflanzen der gleichen Familien folgen. Nach Gründüngung mit einem Kreuzblütler wie Gelbsenf darf beispielsweise kein Kohlgemüse gepflanzt werden. Besser wirken sich auch hier abwechselnde Folgekulturen aus. Einige Pflanzen üben sogar eine erholsame Wirkung auf den Boden aus, wie z.B. Tagetes oder Ringelblumen, die schädliche Wurzelälchen vertreiben.

Mulchen- und Flächenkompost

Das Mulchen ist das Abdecken des Bodens mit organischem Material (z.B. Rindenmulch, Rasenschnittgut, Stroh, gehäckseltes Holz u.a.). Es ist nicht nur die ideale Bodenpflege (wie im Wald), sondern es kostet auch nichts und macht vergleichsweise wenig Arbeit. Unter Neuanpflanzungen erleichtert eine dicke Mulchschicht auch die Pflege, zumal es Unkräuter unterdrückt und die Feuchtigkeit erhält. Auch die Fruchtbarkeit des Bodens verbessert eine Mulchschicht. Das Material verrottet langsam und wird von Bodenlebewesen zu Humus umgewandelt, der wiederum dem Boden zugute kommt. Währenddessen schützt die Mulchdecke im Sommer vor Hitze und Austrocknung und im Winter vor Kahlfrost. Das regelmäßige Mulchen macht besonders sandige Böden humoser und bindiger. Es trägt aber auch zur Lockerung schwerer Böden bei.

Flächenkompost: Diese Art der Kompostierung hat die gleiche Wirkung wie das Mulchen. Dazu dienen aber keine Mulchmaterialien wie Rindenmulch, Rasenschnittgut oder Mulchpappe, vielmehr wird halbverrotteter Kompost einfach flächig auf den Beeten ausgebreitet. Das Material kann beispielsweise auch von einem Komposthaufen stammen, der mangels Luft nicht richtig verrottet.

4.22
Mulchen mit Gras.

4.23
Strohmulch zwischen Erdbeeren.

Mischkulturen

Ein fruchtbarer Boden ist die beste Wachstumsgrundlage für einen erfolgreichen Gemüseanbau. Mischkulturen und günstige Fruchtwechsel fördern außerdem ein gesundes Gedeihen. Sie verhindern die einseitige Auszehrung des Bodens und die Anreicherung von Stoffwechselprodukten. Zudem tragen sie zur Schädlings- und Krankheitsabwehr bei.
Es lohnt sich deshalb, die Erkenntnisse der Biogärtner zu nutzen, die ihr Gemüse in schon lange erprobten Kombinationen kultivieren. Die Erfahrungswerte in Form von Mischkultur-Tabellen und Fruchtfolgeplänen sind allgemein gültig und lassen sich direkt im Garten anwenden (Tab. 4.7 und 4.8).
Allgemein bekannt ist z.B. die schützende Wirkung von Knoblauch im Erdbeerbeet. Die ätherischen Ausdünstungen helfen gegen Pilzinfektionen und tragen zur Verminderung von Schimmelbildung bei. Ähnlich verhält es sich mit Zwiebeln und Karotten. Eine Reihe Speisezwiebeln neben der Karottenreihe hilft, schädliche Möhrenfliegen abzuhalten. Umgekehrt vertreibt der Geruch der Karotten die Zwiebelfliegen. Die beiden Gemüse ergänzen sich auch hinsichtlich ihres Wuchsverhaltens. Während die Karotten ihre Wurzeln in den Boden treiben, bilden sich die Speisezwiebeln über der Erde. Auch die filigranen Blätter der Karotten und die Schlotten der Zwiebeln behindern sich nicht.
Des weiteren lassen sich Mischkulturen auch hinsichtlich ihrer Wuchseigenschaften günstig kombinieren, z.B. die niedrigen Kohl-Arten und die aufrecht wachsenden Tomatenpflanzen. Eine günstige Auswirkung haben auch Kräuter, deren Samen neben den Gemüsekulturen ins Beet gestreut werden. Basilikum z.B. hilft neben den Tomaten gegen Weiße Fliegen, neben Gurken hat es eine schützende Wirkung vor Mehltaubefall.
Kräuter fördern die Fruchterträge, indem sie Insekten anlocken. Die Bienen, Hummeln und dergleichen fliegen dann auch die Blüten von Tomaten, Kürbissen und anderen Fruchtgemüsen an und befördern den Blütenstaub. Wertvolle Bienenweiden sind u.a. Lippenblütler wie Thymian, Salbei und Ysop oder auch der Borretsch, der zu einer eigenen Familie gehört. Die Kräuter lassen sich jederzeit, auch während der Saison, in Lücken säen oder pflanzen.
Neben reinen Nutzpflanzen haben auch Blumen einen Wert in den Mischkulturen. So sehen Ringelblumen den ganzen Sommer hindurch dekorativ aus und fördern zudem die Gesunderhaltung des Bodens, indem ihre Wurzelausscheidungen schädliche Älchen vertreiben. Auf diese Weise halten diese Blumen Karotten und anderes gefährdetes Wurzelgemüse gesund. Ebenso nützlich ist die Kapuzinerkresse, die einen Wirkstoff gegen Blattläuse enthält.
Sorten-Mix: Neben günstigen Kombinationen verschiedener Gemüse-Arten in den Beeten hat sich auch die Pflanzung oder Aussaat verschiedener Sorten jeweils einer Gemüse-Art bewährt. Dadurch verlängert sich die Erntezeit und vergrößert sich die Vielfalt an Pflanzen und Früchten – etwa durch verschiedenfarbige Salate und Gemüsen mit bunten Früchten. Zudem verringert sich die Gefahr von Totalausfällen durch spezielle Krankheiten oder Schädlinge.

Tabelle 4.7 *(Seite 107)*
Kulturkalender für Gemüse

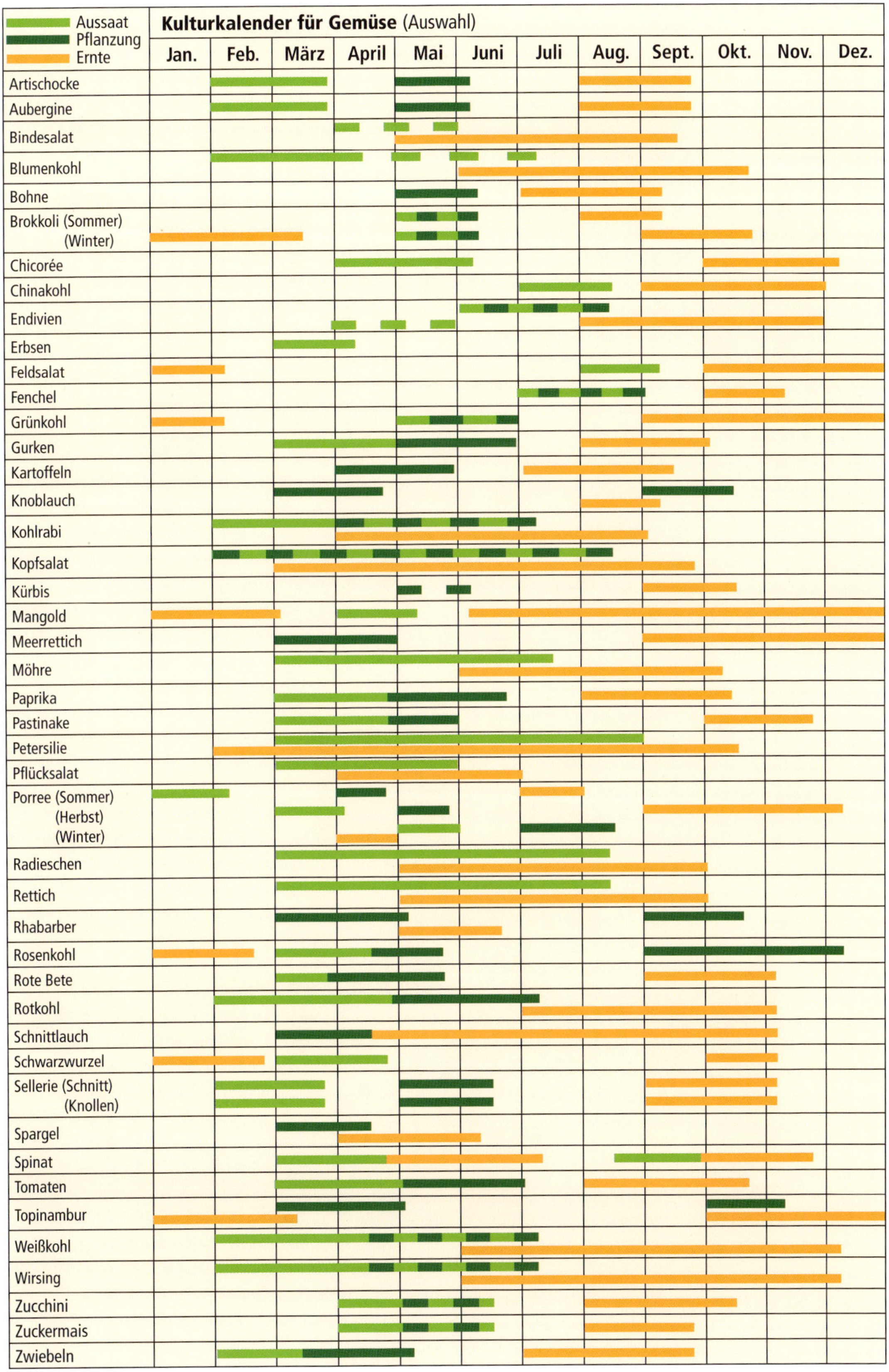
Aussaat
Pflanzung
Ernte
Kulturkalender für Gemüse (Auswahl)
Jan.
Feb.
März
April
Mai
Juni
Juli
Aug.
Sept.
Okt.
Nov.
Dez.
Artischocke
Aubergine
Bindesalat
Blumenkohl
Bohne
Brokkoli (Sommer)
(Winter)
Chicorée
Chinakohl
Endivien
Erbsen
Feldsalat
Fenchel
Grünkohl
Gurken
Kartoffeln
Knoblauch
Kohlrabi
Kopfsalat
Kürbis
Mangold
Meerrettich
Möhre
Paprika
Pastinake
Petersilie
Pflücksalat
Porree (Sommer)
(Herbst)
(Winter)
Radieschen
Rettich
Rhabarber
Rosenkohl
Rote Bete
Rotkohl
Schnittlauch
Schwarzwurzel
Sellerie (Schnitt)
(Knollen)
Spargel
Spinat
Tomaten
Topinambur
Weißkohl
Wirsing
Zucchini
Zuckermais
Zwiebeln

	Buschbohnen	Dill	Endivien	Erbsen	Erdbeeren	Fenchel	Gurken	Kapuzinerkresse	Karotten	Kartoffeln	Knoblauch	Kohl	Kohlrabi	Kopfsalat	Lauch	Mais	Mangold	Meerrettich	Obstbäume	Petersilie	Pfefferminze	Pflücksalat	Radieschen	Rote Bete	Rhabarber	Rüben	Salbei	Schwarzwurzel	Sellerie	Spargel	Spinat	Stangenbohnen	Tomaten	Zicchoriensalat	Zucchini	Zwiebeln
Buschbohnen				–		–	•				–	•	•	•	–		•					•	•	•	•	•			•				•			–
Dill				•			•		•					•								•		•		•				•						•
Endivien						•						•			•																	•				
Erbsen	–	•				•			•	–	–	•	•	•	–								•			•						–	–			
Erdbeeren											•	•		•	•								•													•
Fenchel	–		•	•			•							•								•					•					–	–	•		
Gurken	•	•				•					•	•		•									–	•					•			•	–			•
Kapuzinerkresse																			•				•									•				
Karotten		•		•							•				•		•						•										•	•		•
Kartoffeln				–								–	•					•			•			–					–		•		–			
Knoblauch	–			–	•		•		•			–							•					•								–	•			
Kohl	•		•	•	•		•			–	–	–		•	•		•					•	•		•						•	•	•			–
Kohlrabi	•			•						•				•	•								•	•				•	•	•	•	•	•			–
Kopfsalat	•	•		•	•	•	•					•	•		•	•				–	•		•		•	•		•	–	•		•	•	•		•
Lauch	–		•	–	•				•			•	•	•										–				•	•			–	•			
Mais														•										–					–				•			
Mangold									•			•											•			•										
Meerrettich										•									•																	
Obstbäume								•			•							•																		
Petersilie														–									•										•			
Pfefferminze									•					•																			•			
Pflücksalat	•	•				•						•											•	•	•	•		•		•			•			•
Radieschen	•			•	•		–	•	•			•	•	•						•		•									•	•	•			
Rote Bete	•	•					•			–	•		•		–	–						•														•
Rhabarber	•											•		•								•									•					
Rüben	•	•		•										•			•					•									•	•	•			
Salbei						•																														
Schwarzwurzel													•	•	•							•														
Sellerie	•						•			–		•	•	–	•	–													–			•	•			
Spargel		•											•	•								•														
Spinat										•		•	•										•		•	•						•	•			
Stangenbohnen			•	–		–	•	•			–	•	•	•	–								•			•			•		•			•	•	–
Tomaten	•			–		–	–		•	–	•	•	•	•	•	•				•	•	•	•			•			•		•			•		
Zicchoriensalat						•			•					•																		•	•			
Zucchini																																•				•
Zwiebeln	–	•			•		•		•			–	•	•								•		•								–			•	

• Nachbarschaft förderlich – Nachbarschaft ungünstig (leer) neutrale Nachbarschaft

Tabelle 4.8: Kombinationsmöglichkeiten für Mischkulturen

Dank

Ein besonderer Dank geht an die Gartenbesitzer bzw. die Betreiber der Gartenanlagen, in denen die Fotos aufgenommen werden konnten.

Seite 4, Garten des BUND in der Kleingartenanlage Wolfersteinerstraße in Regensburg

Seite 6 und Seite 8, Staudensichtungsgarten Weihenstephan

Seite 9, Apothekergarten in Lappersdorf

Seite 10, Familie Cordes in Brunn bei Regensburg, mit Nachbarschaftshilfe von Robert Weinzettl

Seite 12 oben links, Familie Engel in Eilsbrunn bei Regensburg
oben rechts; Familie Nuß,Regenstauf
unten, Familie Ernst Himmelhuber in Maxhütte-Leonberg

Seite 13 oben, Kreislehrgarten in Regenstauf
oben rechts und unten, Seniorengarten in der Kleingartenanlage Wolfersteiner Straße in Regensburg

Seite 14 oben und Seite 15 unten, Kreislehrgarten Regenstauf

Seite 16, Staudensichtungsgarten Weihenstephan

Seite 18 unten, Botanischer Garten Regensburg

Seite 20 oben links, Seniorengarten in der Kleingartenanlage Wolfersteiner Straße in Regensburg
oben rechts, Walderlebniszentrum Sinzing bei Regensburg

Seite 22 unten; Gartenschaugelände der Fa. Dehner in Rain am Lech

Seite 23 unten links und vorletztes Bild rechts, LGS Bamberg

Seite 23 unten rechts, Lehrgarten im Botanischen Garten Regensburg

Seite 24 oben, Hausgarten der Familie Schöner in Haugenried bei Regensburg
unten links, Autobahn-Einhausung in Regensburg
unten rechts, Staudensichtungsgarten Weihenstephan

Seite 25 oben links, Familie Ernst Himmelhuber, Maxhütte-Leonberg

oben rechts; Familie Bengler-Hillenmeyer in Burglengenfeld

unten Mitte, Staudensichtungsgarten Weihenstephan

unten rechts, Finanzamt Regensburg

Seite 26 oben und Mitte, Staudensichtungsgarten Weihenstephan
unten, LGS Bamberg

Seite 27 oben und Mitte, Staudensichtungsgarten Weihenstephan

Seite 28 unten Mitte und rechts, Waltraud Bister-Wagner

unten und Seite 29, Familie Cordes in Brunn bei Regensburg

Seite 31 unten, Kinderhort Hemau

Seite 32, Familie Ernst Himmelhuber, Maxhütte-Leonberg

Seite 33-35, Familie Fleischmann in Teublitz-Katzdorf

Seite 36-37, Familie Tschochner in Lappersdorf

Seite 38-39, Familie Wolfgang Grosser in Wundsheim bei Kemnath

Seite 40-41, Bauarbeiten Peter Beer bei Heinz Jawork in Saaß bei Burglengenfeld

Seite 42-43, Familie Werner Fleischmann in Teublitz-Katzdorf

Seite 44, Familie Langer in Hemau

Seite 45, Familie Engel in Eilsbrunn bei Regensburg

Seite 46-48, Familie Ernst Himmelhuber in Maxhütte-Leonberg

Seite 49-51, Familie Schöner in Haugenried bei Regensburg

Seite 52 Mitte, Familie Tschochner in Lappersdorf

Seite 52 unten links, Staudensichtungsgarten Weihenstephan

Seite 56 unten links, Familie Angermeyer-Putz in Egg bei Deggendorf

Seite 57, Familie Neumüller in Brunn bei Regensburg, Arbeiten Fa. Schmid aus Brunn

Seite 58 links, Botanischer Garten München
rechts, Peter Beer, Schwandorf

Seite 60 rechts, Familie Bernhard Bauer in Maxhütte-Leonberg

Seite 61, Familie Grünberg-Wolff in Lappersdorf

Seite 62, Familie Cordes in Brunn bei Regensburg

Seite 63 unten links, Staudensichtungsgarten Weihenstephan

Seite 65-67, Familie Pinegger in Lappersdorf

Seite 68/69, Familie Ernst Himmelhuber in Maxhütte-Leonberg

Seite 70-73, Gartenbaufirma Marco Nicolai in Lappersdorf

Seite 74-78, Familie Engel in Eilsbrunn bei Regensburg

Seite 79-85, Familie Alfred Söllner in Babetsberg bei Regensburg

Seite 86-88, Familie Bernhard Bauer in Maxhütte-Leonberg

Seite 89-91, Familie Ernst Himmelhuber, Maxhütte-Leonberg

Seite 96 unten links Gabi Nuß in Regenstauf
unten rechts, Ernst Himmelhuber, Maxhütte-Leonberg

Seite 97 oben, Kreislehrgarten Regenstauf
unten, Familie Angermeyer-Putz in Egg bei Deggendorf

Seite 98, 100, 103, Ernst Himmelhuber, Maxhütte-Leonberg

Bei den anderen Bildern sind die Quellen nicht mehr ausfindig zu machen oder die Beete wurden aufgelöst und können nicht mehr besichtigt werden.

Weitere Bücher im ökobuch Verlag

Anders gärtnern

Permakultur-Elemente im Hausgarten. Ob Kräuterspirale, Krater- bzw. Hochbeet, Kartoffelturm, Wurmfarm oder Erdgewächshaus mit Hühnerstall, bei allem dient die Natur als Vorbild. Mit vielen Anleitungen für einen Hausgarten, in dem die Bereiche harmonisch zusammenwirken und sich gegenseitig fördern. Von Margit Rusch. 7. Aufl. 2018, 94 S. m.v. farb. Abb., 17 x 24 cm 13,95 €

Mein kleiner Permakultur-Garten

300 kg Ernte auf 150 qm Fläche mitten in der Stadt. Der Autor beschreibt detailliert und gut übertragbar auf andere kleine Gärten seine Erfahrungen mit der Rekultivierung eines Reihenhausgartens nach den Prinzipien der Permakultur, mit beachtlichen Ernteerfolgen an Obst und Gemüse. Von Josef Chauffrey. 109 S. m.v. Abb., 17x24 cm, 1. Aufl. 2017 14,95 €

Mein Selbstversorgergarten am Stadtrand

Permakultur auf kleiner Fläche. Der Autor zeigt, wie er im Hausgarten Obst u. Gemüse nach Permakulturprinzipien anbaut, so dass sich 2 Personen fast vollständig mit Nahrung versorgen können: Früchte, Kräuter, Pilze, Gemüse, Salat u.v.m. Mit Tipps zur Vermehrung und Anzucht. Von Kurt Forster. 3. Aufl. 2016, 125 S. m.v. farb. Abb., 17 x 24 cm 15,95 €

Auf 300 qm Gemüseland

... den Bedarf eines Haushalts ziehen. Wie man auf kleinstem Raum einen Nutzgarten anlegt und erfolgreich bewirtschaftet, können wir von unseren Vorfahren lernen. Mit schnellen, praktischen, alphabetisch geordneten Infos über die wesentlichen Pflanzen, über Anbau- und Arbeitsmethoden. Von Arthur Janson. Neugestalteter Nachdruck der 5. Aufl. 1926. 170 S. A5, gebunden, 13,95 €

Saatgut aus dem Hausgarten

Nach einer Einführung in die Saatgutgewinnung und in die Praxis der Vermehrung werden die nötigen Hilfsmittel, Ernte, Reinigung und Lagerung der Samen sowie Aussaat und Aufzucht Jahr beschrieben. Mit kurzen Pflanzenporträts aller im Hausgarten üblichen Kräuter, Gemüse und Blumen. Von Marlies Ortner. 2. Aufl. 2012, 138 S. m.v. farb. Abb., 17 x 24 cm 19,95 €

Trocknen und Dörren mit der Sonne

Bau & Betrieb von Solartrocknern.: Ein Buch für alle, die einen funktionstüchtigen Solartrockner kostengünstig selbst bauen möchten, um Obst, Gemüse und Kräuter natürlich und hochwertig haltbar zu machen. Außerdem: Praxis des Trocknens mit vielen Tipps aus langjähriger Erfahrung. Herausgegeben von Claudia Lorenz-Ladener. 5. Aufl. 2015, 95 S., farbig, 17x24 cm 13,95 €

Terrassen und Decks aus Holz selbst gebaut

Planungsüberlegungen, sinnvolle Konstruktionen, Materialempfehlungen. Viele Beispiele und Schritt-für-Schritt-Bilder vermitteln das Wissen zum Bau schöner Holzdecks. von Peter Himmelhuber. 3. Aufl. 2015, 102 S.m.v. farb. Abb. 14,95 €

Mein Garten lebt

Vögel, Schmetterlinge, Igel, Wildbienen und andere nützliche Tiere ansiedeln. Mit Bauanleitungen und Gestaltungsideen, um durch Nisthilfen, Schlafquartiere u.ä, Gärten tierfreundlich zu gestalten. Von Peter Himmelhuber. 94 S. m.v.farb. Abb., 2. Aufl. 2013, 17 x 24 cm 13,95 €

Natürlich konservieren

Die 250 besten Rezepte, um Gemüse und Obst möglichst naturbelassen haltbar zu machen und ein maximum an Vitaminen, Nährstoffen und Geschmack zu erhalten. Herausgegeben von Terre Vivante. 157 S. m. vielen Abb., 9. Aufl. 2017 13,90 €

Trockenmauern für den Garten

Bauanleitung & Gestaltungsideen. Ob Sitzplätze oder Hochbeete einzufassen, eine Hangfläche zu terrassieren oder das Grundstück einzugrenzen: Mit einfachen Werkzeugen kann jeder kostengünstig eine schöne und dauerhafte Trockenmauer selbst bauen. Von Jana Spitzer und Reiner Dittrich. 5. Auflage 2015, 95 S., farbig, 17x24 cm, 13,95 €

Hütten von Kindern selbst gebaut

Das Buch zeigt schön illustriert, wie Kindern ohne großen Aufwand ihr eigenes kleines Reich erschaffen können, mit Baumaterialien, die fast alle draußen zu finden sind: Spielhäuschen, Kuppelbau, Schlupfwinkel, Beobachtungsversteck. Ab 8 Jahre. Von Louis Espinassous. 58 S. m.v. Abb., 21 x 21 cm, gebunden, 3. Aufl. 2014 13,95 €

Kleine Baumhäuser und Hütten

... kinderleicht gebaut. Hier wird gezeigt, wie Baum- und Stelzenhäuser gebaut werden können. Mit Anleitungen für verschiedene Konstruktionen und Bildern von realisierten Beispielen. Von David Stiles 93 S. m. v. farb. Abb., 17x24 cm, 6. Aufl. 2014 12,95 €

Holzbacköfen im Garten

Detaillierte Bauanleitungen vom einfachen Lehmofen bis zum gemauerten Brotbackhäuschen. Mit vielen Erfahrungen und Ratschlägen sowie pfiffigen Tipps und Rezepten. Herausgegeben von Claudia Lorenz-Ladener. 138 S.m.vielen Abb., 19. Aufl. 2016 15,95 €

Gestalten mit Stein im Garten

Pflastern von Wegen, Terrassen und Zufahrten, Anlegen von Treppen und das Errichten von Mauern und Hangbefestigungen, mit Hinweisen zur Materialwahl, zu Aufwand u. Kosten, und mit Anregungen für eigenes Schaffen. Von Peter Himmelhuber. 125 S. m.v. farb. Abb., 2. Aufl. 2017 15,95 €

Naturkeller

Grundlagen der Kühllagerung und Anleitungen für Planung u. Bau naturgekühlter Lagerräume im Haus u. Freiland. Von Cl. Lorenz-Ladener. 140 S. m.v.Abb., 16. Aufl. 2018 19,90 €

Gestalten mit Holz im Garten

Bodenbeläge, Holzdecks, Zäune, Rankgerüste, Lauben. Bauanleitungen und Gestaltungsideen für Nützliches und Dekoratives aus Schnittholz und aus grünem Holz. Von Heidi Howcroft. 135 S. m.v. Abb., 17 x 24cm, broschiert., 3. neu gestalt. Aufl. 2012 15,95 €

Lauben und Hütten

Einfache Paradiese zum Selbstbauen. Bauanleitungen für schnell zu errichtende Behausungen (Tipi, Baumhaus, Kuppelbau, Hogan etc.), sowie für schöne Lauben für den Garten oder die freie Natur. Herausgegeben von Claudia Lorenz-Ladener. 5. neu gestalt. Aufl. 2018, 158 S. m.v. Abb., 16,95 €

Kleine grüne Archen

Passivsolare [Erd]Gewächshäuser als Alternative zum transparenten Standard-Gewächshaus. Das Buch zeigt, wie Solargewächshäuser freistehend, angelehnt oder teilweise in der Erde versenkt, gebaut werden können. Von C. Lorenz-Ladener. 128 S. m.v. farb. Abb., geb. 4. Aufl. 2017 22,90 €

Mit Weiden bauen

Anleitungen für Zäune. Laubengänge, Wigwams, Sitzplätze und grüne Kuppeln. Pflanzen und Arbeiten mit lebendem Material, aus dem sich viele schöne, nützliche Dinge herstellen lassen. Von Jon Warnes. 9. Aufl. 2018, 60 S. m.v.farb. Abb., geb. 12,95 €

Färben mit Pflanzen

Färbepflanzen - Rezepte - Anwendung. Aufbereitung und Anwendung heimischer Färbepflanzen zum Färben von Wolle und Stoffen werden in zahlreichen Rezepten detailliert beschrieben. Von Dorit Berger. 3.Aufl. 2017, 96 S. m.v. farb. Abb. 17 x 24 cm, br. 12,95 €

Bauen mit Frischholz

Vom Spalier bis zur Laube – frisches grünes Holz ist ein ausgezeichnetes Material, um daraus nützliche Gartenobjekte herzustellen. Mit Schritt-für-Schritt-Anleitungen für Pflanzbehälter, Spaliere, Bänke, Lauben usw. Von A. u. G. Bridgewater. 78 S.m.v.Abb., Neuaufl. 2015, br. 12,95 €

Essbare Wildpflanzen aus dem Hausgarten

150 Arten: Obst, Kräuter, Gemüse. Wie eine dauerhafte Pflanzenlandschaft aus fruchttragenden Bäumen und Sträuchern, wilden Stauden sowie Kräutern und essbaren Bodendeckern geschaffen werden kann. Mit mehr als 70 Pflanzenporträts essbarer Wildfrüchte, Wildkräuter und Wildgemüse und Tipps zu deren Verwertung. Von Marlies Ortner. 125 S. m.v.Abb., 3. Aufl. 2013 15,95 €

Bunte Körbe aus Gräsern und Kräutern

Die Technik des Korbwickelns neu entdeckt. Anleitungen zur Herstellung von bunten Körben durch Wickeln und Vernähen von Strängen aus heimischen Faserpflanzen. Mit vielen Schritt-für-Schritt-Anleitungen. Von Walter Friedl. 2. Aufl. 2016, 92 S. m. viel. farb.Abb., geb. 17,95 €

Hauserneuerung

Instandsetzen - Modernisieren - Energiesparen - Umbauen: mit Anleitung zur Selbsthilfe. Das Buch beschreibt ausführlich den behutsamen, handwerklich sachgerechten und umweltverträglichen Umgang mit alter Bausubstanz. Von G. Haefele, W. Oed und L. Sabel. 255 Seiten, 200 Abb., 21 x 21 cm, 16. Aufl. 2017 28,90 €

Vom Altbau zum Effizienzhaus

Energietechnische Gebäudesanierung in der Praxis: Nachträgliche Wärmedämmung der Gebäudehülle, Fenstererneuerung, sowie Sanierung der Haustechnik einschließlich Lüftung, Heizung, Sanitär und Elektro. Jetzt mit EnEV 2014. Hrsg. von Ingo Gabriel und Heinz Ladener. 200 S. m.vielen farb. Abb., 21 x 28 cm, geb., 13. neu bearb. Aufl. 2018 36,00 €

Praxis: Holzfassaden

Material, Planung, Ausführung. Das Buch zeigt nicht nur die gestalterischen Möglichkeiten moderner Holzfassaden, sodern stellt zahlreiche vorbildliche Beispiele und Detaillösungen mit Ecken, Sockel, Dach- und Fensteranschlüssen vor. Von Ingo Gabriel.
6. verbesserte Aufl. 2017, 113 S.m.v.farb. Abb. 28,- €

Handbuch Lehmbau

Umfassendes Lehrbuch und Nachschlagewerk: Es zeigt Einsatzmöglichkeiten, Eigenschaften und Verarbeitungstechniken des Baustoffes Lehm. Mit Forschungsergebnissen u. Beschreibungen ausgeführter Lehmhäuser. Von Gernot Minke. 222 S. m.v. Abb., 21 x 28 cm, gebunden, 9. verbesserte Aufl. 2017 38,00 €

Neues Bauen mit Stroh in Europa

Bauen mit großformatigen Quadern aus gepreßtem Stroh: gebaute Beispiele, erprobte Bauformen und Konstruktionen, Besonderheiten, neue Projekte und Forschungen. Von H. u. A. Gruber u. H. Santler. 4. überarb. Aufl. 2012, 112 S. m. v.Abb., 14,95 €

Handbuch Strohballenbau

Ein Konstruktions-Handbuch, das Konzeption, Bautechnik und alle Details beschreibt, um aus Strohballen gut gedämmte, dauerhafte Häuser zu bauen. m.vielen Konstruktionsdetails und Beispielen. Von Gernot Minke u. Benjamin Krick. 3. Aufl. 2014, 152 S.m.v.farb. Abb. 29,90 €

Die neue Heizung

Umweltfreundlich und wirtschaftlich heizen mit Gas, Holz, Strom und Sonnenenergie. Eine vergleichende Übersicht über moderne Heizungstechniken und deren Einsatz in gut gedämmten Gebäuden. Von M. Schulz u. H. Westkämper. 229 S. m.v. farb. Abb., geb. 2. Aufl. 2013 29,90 €

Regenwasser für Garten und Haus

Ein kompetenter Ratgeber für Planung und Bau von Regenwassersammelanlagen nach dem Stand der Technik: Bemessung, Genehmigung, Speichertanks, Pumpen, Rohrleitungen, Zubehör. Von Karlheinz Böse. 92 S. m.v.Abb., 17x24 cm, 7. Aufl. 2014 12,95 €

Autonome Stromversorgung

Auslegung, Aufbau und Praxis autonomer Stromversorgungsanlagen mit Batteriespeicher für Beleuchtung und für netzferne Handwerks- u. Landwirtschaftsbetriebe. Von Philipp Brückmann. 4.Aufl. 2015, 110 S. m.v. Abb., 17x24 cm 15,90 €

Preisstand: 1.4.2018

Unsere Bücher erhalten Sie in allen Buchhandlungen!

ökobuch
Postfach 1126 79216 Staufen

✆ 07633-50613 · ✉ 50870 · Email: oekobuch@t-online.de · http://www.oekobuch.de